Pour l'unité, le développement et la paix en Afrique

Monulphe Marie Nerée
MADOPO YAHUMA NZONDOMYO
*Communauté Africaine de Soutien
à l'Union Africaine (CASUA)*

Pour l'unité, le développement et la paix en Afrique

Préface de Claude Bernard Augé Bongo

L'Harmattan
Congo-Brazzaville

5-7, rue de l'Ecole-Polytechnique, 75005 Paris

http://www.harmattan.fr
diffusion.harmattan@wanadoo.fr

ISBN : 978-2-343-09848-7
EAN : 9782343098487

A tous les peuples africains, panafricanistes ;

A tous les chefs d'Etats membres de l'Union africaine ;

A tous les cadres de l'Union africaine ;

A toutes les autorités et cadres
du Ministère des Affaires étrangères
et de la Coopération du Congo-Brazzaville ;

A la Communauté africaine de soutien à l'Union africaine
"CASUA/ONGD";

A tous les cofondateurs de CASUA/ONGD ;

A tous les membres effectifs,
cadres du bureau coordonnateur de CASUA/ONGD ;

A tous les membres d'honneur de CASUA/ONGD ;

A tous les membres sympathisants de CASUA/ONGD;

A tous mes collègues professeurs d'université ;

A tous mes étudiants et élèves ;

A tous mes parents et bienfaiteurs ;

A mon épouse ;

A tous mes enfants, neveux, nièces, petits-fils ;

A toute ma famille, amis et connaissances ;
Vous qui me soutenez et me donnez l'espoir de vivre
sur terre, vous qui soutenez aussi CASUA-ONGD,
cette œuvre du Seigneur;

A vous tous, je dédie cette œuvre scientifique.

Préface

Le panafricanisme commence par le nationalisme ou le patriotisme. Est patriote ou nationaliste, la personne qui éprouve un grand amour pour sa patrie ou sa nation. Il est au service de celle-ci et y travaille fondamentalement, à tous les niveaux, pour son développement et son progrès.

Lorsque cet amour dépasse les frontières d'une nation africaine pour atteindre la dimension du continent, il est qualifié de panafricanisme. Les motifs et les objectifs à atteindre pour le développement et le progrès dudit continent restent les mêmes.

Ainsi, se sont manifestées en Afrique de grandes âmes pour dire Non au colonisateur blanc qui tenait à s'approprier les pays du continent et à en abuser à son gré.

Simon Kimbangu, Tchimpa Vita, Eméry Patrice Lumumba, Sékou Touré Nkouamé Krhuma, j'en oublie, sont des illustres citoyens, morts sacrifiés, mais devenus martyrs du continent africain pour avoir lutté et osé dire non au dictateur blanc et à ses représentants locaux, afin de sauver le peuple en proie au joug.

Pour mettre fin au colonialisme et au néocolonialisme, d'autres éminentes personnalités africaines comme Fulbert Youlou, Eméry Patrice Lumumba, Nkouamé Krhuma, Léopold Sédar Senghor, Sekou Touré… se sont levées à la tribune de L'OUA pour réclamer l'indépendance du continent.

De même Denis Sassou Nguesso, Joseph Désiré Mobutu et leurs pères de L'OUA ont lutté contre l'Apartheid et pour la libération de Nelson Mandela, après 27 ans d'incarcération.

Il y a encore ceux-là qui ont versé de leur sang pour la défense des causes justes : Marien Ngouabi, Thomas Sankara, Eméry Patrice Lumumba…

Les peuples d'Afrique, imbus de l'esprit panafricaniste, doivent se lever pour libérer le continent des pratiques révolues. C'est une question de dignité, d'identités culturelles et de personnalité à défendre. Les barrières ou limites géographiques doivent être transcendées, voire bannies.

L'intégration sous-régionale, régionale et continentale nécessite un leadership africain qui s'assume avec courage et bravoure afin de savoir dire non à toutes formes d'oppression et marquer ainsi le sceau pour la postérité et mettre en valeur le postulat : L'Afrique aux Africains !

Claude Bernard Augé BONGO.

Poème

Oh Afrique notre grand continent !
Le continent de nos ancêtres !
Le continent de Martin Luter King
Le continent de Kunta Kinté
Le continent de Kouamé Khruma !
Le continent de Lumumba !
Le continent de Léopold Sédar Senghor !
Le continent de Thomas Sankara !
Le continent de Tchimpa Vita !
Le continent de Marien Ngouabi !
Le continent de Nelson Mandela !
Le continent de Simon Kimbangu !
Le continent d'Emile Biayenda !

La terre d'accueil !
La terre d'Abraham et de Jésus-Christ !
La vibration de la nature !
La terre fertile !
La terre promise !
La grâce providentielle !
Le passage du Christ !
L'union des peuples noir et métissé !
La gâchette du monde !
La richesse naturelle !
L'intégration régionale et sous-régionale !
La naissance des grandes œuvres !
L'unité des Etats forts !

Réveille-toi peuple africain !
Lève-toi panafricaniste !
Bâtis ton continent !

Découvre tes origines !
Que te bénisse à jamais
Le promoteur de ton existence
O toi, peuple africain !

Prof. Monulphe Marie Nerée
MADOPO YAHUMA NZONDOMYO

Introduction

Dans un pays à régime est dit présidentiel, le développement relève exclusivement de la volonté personnelle du chef de l'Etat et de la mise en œuvre de son programme par son gouvernement. Le développement se manifeste davantage par les produits de l'exploitation des richesses naturelles et celles du sous-sol, vendues aux grandes puissances occidentale et orientale, aux investisseurs, aux hommes d'affaires selon les lois et règlements en vigueur.

Les opérateurs économiques et les hommes d'affaires peuvent aussi accompagner le chef de l'Etat dans la réalisation de son projet de développement d'un pays.

Dans certains pays, les autorités ont mis en valeur l'agriculture les activités agropastorales, la pêche et l'élevage.

Aussi la création des usines agroindustrielles permet le recrutement des chômeurs. L'économie d'un Etat se développe.

En travaillant ainsi, les Etats d'Afrique luttent pour sortir des qualificatifs tels que : pays pauvres très endettés, pays sous-développés ou en voie de développement…

Le développement peut avoir comme fondements les assisses spirituelles. Les Chinois, les Coréens, les Indiens, bref, les Asiatiques comptent aujourd'hui parmi les grandes puissances mondiales. L'explosion économique de leurs pays respectifs s'appuie sur les fondements spirituels voire traditionnels que le peuple s'est appropriés.

C'est donc parfois par les efforts du peuple envers les ancêtres pour se ressourcer dans les us et coutumes ;

envers Dieu pour rester spirituellement en éveil que le pays peut être développé. Les Asiatiques ne peuvent-ils pas inspirer les Africains ?

L'Afrique du Sud, le Maroc, l'Ethiopie, l'Egypte, l'Arabie Saoudite, la Lybie de Kadhafi, l'Angola, l'Algérie, la Tunisie, le Rwanda etc. et en Afrique centrale, le cas de la RDC, le Congo-Brazzaville, le Cameroun tentent l'expérience.

Lorsqu'un peuple veut, il peut, car dit un adage ''vouloir c'est pouvoir''. Pour le développement durable, les gouvernements des Etats africains, par des fonds budgétisés, doivent aider les ONGD. Celles-ci sont des corollaires au développement.

Lorsque les dirigeants prennent en compte les préoccupations du peuple, la paix étant préservée, le développement est possible.

Les Israélites, sous le règne de pharaon, ont souffert pour bâtir l'Egypte parce que les autorités s'occupaient réellement des problèmes sociaux du peuple. En sortant de l'Egypte pour la terre promise, ce peuple se rebella contre Moïse qui voulut y retourner parce qu'il se rappelait de la nourriture, des richesses et de l'or.

Un chef d'Etat peut demeurer longtemps au pouvoir s'il prend en compte les besoins sociaux du peuple. En tant que leader, il devrait avoir les qualités et les compétences requises pour assumer les charges que lui a confiées, par le vote, le peuple souverain.

Le développement durable d'un continent dépend aussi de l'unité des Etats à condition que ceux-ci garantissent la paix, la sécurité et la stabilité dans chaque Etat membre. C'est l'effort que l'Union africaine, qui regroupe les 54 Etats, est en train de fournir.

Par ailleurs, le développement économique d'un pays n'est possible qu'avec la bonne gouvernance et le management. Les panafricanistes dévoués doivent travailler dans cette perspective.

La jeunesse africaine doit, elle aussi, être impliquée dans ce projet de développement du continent africain. Elle est le relais pour le futur. Le genre doit se mettre en valeur par des actions et non par des slogans ou déclarations stériles.

Le panafricaniste doit apprendre à connaître ses origines et à découvrir celles des autres Africains pour bien vivre dans le pays de son choix, dans la quiétude et la sérénité. Il peut ainsi, s'il le désire, contracter librement le mariage avec n'importe quelle nationalité. L'esprit de xénophobie est ainsi banni.

L'homme africain doit se préoccuper de la santé. Il doit s'attaquer aux diverses maladies et fléaux qui sévissent et déciment des familles. Le paludisme, la poliomyélite, l'Ebola et le Sida continuent à ravager les peuples africains.

De tous les points soulevés, la question primordiale reste celle de la qualité de l'homme instruit ou non instruit ; l'homme converti. En effet, le logiciel mental de l'homme, considéré comme moteur du développement tous azimuts, est à formater. L'Africain doit prendre conscience de son identité culturelle afin de la défendre en éliminant les tares surannées. Il est, malgré les différences culturelles, un homme qui partage avec les autres ce qu'ils ont en commun : l'identité culturelle. De ce fait, il doit être l'artisan de l'unité, de la paix, de l'amour entre les peuples et leur continent.

Chapitre I

L'AFRIQUE, BERCEAU DE L'HUMANITE

Il est démontré objectivement que l'Afrique est le berceau de l'humanité. Les anthropologues et historiens confirment que le premier ancêtre de l'homme qui a marqué l'humanité et le plus proche dénommé Homosapiens a été découvert en Afrique.

La Bible, dans le livre de Genèse, nous enseigne que l'arche de Noé, après le déluge, s'arrêta en Afrique, au mont Ararat, au 17e jour du 7e mois (Genèse 8 : 4).

En ce temps, il n'y avait que quatre (4) personnes : Noé, ses trois (3) fils : Sem (l'ancêtre d'Abraham), Kam (le maudit de son père, le père de Canaan, l'ancêtre de Lot) et Japhet (Genèse 9 :10). C'est par eux que fut peuplée toute la terre. Sur toute la terre, on parlait la même langue, on se servait des mêmes mots. En construisant la tour de Babel dont le sommet atteindrait le ciel et qui laisserait un nom au peuple de ce temps pour lui éviter de se disperser sur toute la surface de la terre ; vu que tous ne formaient qu'un seul peuple, avec une même langue et s'ils commençaient ainsi, aucun projet désormais ne leur serait impossible; Dieu descendit du ciel et mit la confusion dans leur langue pour qu'ils ne comprissent plus les langages les uns des autres.

De cette façon, Yahvé les dispersa sur la surface de toute la terre et ils cessèrent de construire la ville. C'est pour cela qu'on lui donna le nom de Babel (c'est-à-dire confusion). Là, en effet, Yahvé avait confondu le langage de toute la terre, et c'est de là que Yahvé les avait dispersés sur la surface de toute la terre (Genèse. 11, 1-9).

Du continent africain, frais et riche, les peuples commencèrent à se disperser par toute forme de migration.

- Tous les pharaons d'Egypte étaient des Africains,

- Jésus-Christ a été premièrement formé, encadré et initié en Afrique, plus précisément en Egypte.

Le développement de l'Afrique ne dépend que de l'homme africain lui-même. La pensée étant créatrice, si les Africains mettent Dieu au centre de leurs préoccupations et qu'ils pensent tous positivement, ils développeront leur continent, qui est un jardin d'Eden, la terre promise.

L'homme blanc, conscient de cet état de fait, ne peut pas laisser les Africains évoluer tranquillement, se développer et développer leur continent partant de leurs Etats respectifs.

C'est pourquoi la moindre étoile filante qui sourd de la terre africaine doit vite être éteinte.

Rappelez-vous du « Marché commun africain » aujourd'hui COMESA, prôné par le Président Museveni dans son allocution, à l'occasion de l'investiture du Président Laurent Désiré Kabila, au stade des Martyrs à Kinshasa, en 1997.

Rappelez-vous des Etats-Unis d'Afrique, pensée inoubliable du Président Kadhafi qui a fait le lit de sa mort.

L'Afrique possède d'importants réseaux hydrographiques et fauniques : le Nil, le fleuve Congo, le bassin du

Congo, la riche et dense forêt équatoriale. Dieu a donc caché le secret de la nature en Afrique.

Chers Africains, transformons-nous à l'esprit de "Metanoia Libératrice"[1] qui doit faire de nous des chenilles qui deviennent des papillons, ou à l'esprit qui nous est inculqué qui affirme que sans l'Occident nous ne pouvons rien.

Les Chinois font recours à leurs coutumes ancestrales. Ils se sont appuyés sur elles pour se faire une grande puissance mondiale, invincible et invulnérable dans ce monde de la concurrence.

Les Occidentaux colonisateurs qui sont venus en Afrique ont trouvé nos ancêtres avec leurs puissances ancestrales extraordinaires, ils savaient communier avec l'Etre suprême. Lorsqu'ils ont résisté à leur oppression, ils les ont maltraités, ligotés, dépouillés de leur puissance, traduits à l'esclavage. Ils les ont amenés chez eux pour être à leur service. Leurs musées sont remplis des puissances traditionnelles africaines. Cette déplorable situation a fait reculer l'évolution du continent africain de manière que l'on parle aujourd'hui des pays africains sous-développés ou en voie de développement, pays du tiers-monde. On leur a collé les étiquettes comme P.P.T.E. autrement dit pays pauvres très endettés. Véritable paradoxe quand on sait que l'Afrique est un grand continent aux richesses diverses.

Les Occidentaux ne finissent pas le vil dessein de l'exploitation des richesses du continent africain. Après l'exploitation des minerais, du pétrole, ils pensent aujourd'hui posséder le bassin du Congo et le fleuve

---

[1] Une transformation totale.

Congo, comme ils l'ont fait pour l'Amazonie, le Nil et les autres fleuves, lacs et mers africains.

L'exploitation et l'exportation des richesses naturelles d'Afrique ont contribué au développement de l'occident.

Beaucoup d'Occidentaux à l'instar de Pythagore, Einstein, Bill Gates et autres ont séjourné en Afrique, plus précisément en Egypte, République démocratique du Congo, République du Congo, Rwanda, Cameroun, pour puiser l'intellectualité du peuple noir et exploiter les richesses du sous-sol africain qui ont servi à leurs inventions. Cela a fait d'eux des grandes puissances au monde. Ils occultent jusqu'à présent les efforts des Noirs africains.

Le Noir a fait beaucoup d'inventions qui ne figurent pas dans le dictionnaire encyclopédique. Elles n'ont jamais été nominées prix Nobels. L'humanité ne peut se bâtir en excluant le génie de l'Africain et des autres peuples dans le monde. Pourquoi les Africains ne peuvent-ils pas eux-mêmes se réveiller afin qu'ils bâtissent leur continent plein de potentialités naturelles que Dieu leur a données à l'exemple des Asiatiques ?

Pour se mesurer aux autres peuples du monde, il faut que les Africains apprennent à se connaître entre eux, à apprendre à s'aimer, à se libérer des peurs et phobies, des égocentrismes, de l'esprit grégaire, des complexes de supériorité. À l'heure de la mondialisation ou de la mutualisation des compétences, l'Africain considère le voisin comme étranger. Il ne l'aime pas en lui faisant du mal ; le rapatrie du pays où il est pris pour étranger parce qu'il est d'une autre nationalité.

Même si les peaux et les cultures diffèrent, les Africains ont un dénominateur commun qu'est le continent dénommé « Afrique ». Sa balkanisation par le Blanc et le phénomène de migration dû aux guerres fratricides et à la pauvreté les forgent à considérer les Maliens, Congolais, Sénégalais, Angolais, Béninois, Marocains, Centrafricains, Nigérians, Camerounais, Sud-Africains, Mauritaniens, etc. comme des étrangers dans le territoire où l'on vit.

Ces points d'handicap peuvent être transcendés si les Africains peuvent avoir cette volonté farouche de s'unir ayant tous compris l'intérêt du projet commun, celui de bâtir et développer l'Afrique dans la diversité.

Peuples africains, levons-nous, mettons-nous debout, tenons-nous la main dans la main, regardons-nous face à face, unissons-nous malgré la différence de nos pays ou de race, bâtissons ensemble notre continent.

Chant en chœur :

Et l'Afrique sera sauvée…
Si vous croyez et que je crois,
Et qu'ensemble nous prions,
Nous verrons descendre l'Esprit saint,
Et l'Afrique sera sauvée

Refrain
Et l'Afrique sera sauvée (2fois)
Oui le Saint-Esprit descendra
Et l'Afrique sera sauvée.

Le développement durable doit préoccuper les Africains aux fins de développer leur continent. C'est pour atteindre cet objectif que le Président Denis Sassou

Nguesso, « grand baobab d'Afrique », prône la paix et la concorde nationale.

Autant le développement africain préoccupe tous les Africains, ceux de l'Afrique centrale, cœur de l'Afrique, sont plus qu'interpelés. Les chefs d'Etat, membres de l'UA se sont battus et continuent à se battre pour cette résolution, nous devons les soutenir au travers des organisations sous-régionales telles que la CEMAC, la CEAC, la CDAO, la CEPGL, la CADEC, la BAD, le parlement panafricain, la BRIC, la COMESA, la CAMES, etc., viennent résoudre les conflits qui agitent les peuples à l'est de la République démocratique du Congo, en République centrafricaine, au Mali en Guinée Bissau, au Nigéria, au Cameroun, aux deux Soudans, et à Madagascar. Ces peuples ont recouvré tant soit peu la paix.

Bâtir notre beau continent relève de la volonté politique de chaque gouvernement, Etat membre de l'UA, à travers les projets de société tels : « Le chemin d'avenir » et la marche vers le développement » du Président Denis Sassou Nguesso, en République du Congo et « la Révolution de la modernité » du Président Joseph Kabila, en République démocratique du Congo, « Le Sénégal émergent » du Président Macky Sall du Sénégal…

Si tous les Etats d'Afrique développent leurs pays respectifs avec détermination à l'exemple des Etats-Unis d'Amérique, l'Afrique sera incomparable. Comme l'euro est la monnaie commune des Etats de l'espace Schengen, les pays de l'Union africaine aussi, de manière consensuelle, devraient avoir pour monnaie commune l'Afro.

Développer le continent africain, c'est promouvoir le management stratégique et les projets qui privilégient la création des entreprises, des industries des hôpitaux, des écoles, etc., développer les secteurs de communication, de l'eau et de l'énergie. L'Afrique est le continent le moins éclairé du monde, alors que les grandes puissances mondiales bénéficient à 100% de l'énergie électrique d'Afrique, c'est le cas du Japon avec le courant d'Inga en République démocratique du Congo, un continent très riche, mais les habitants sont très pauvres.

Les pays africains doivent renforcer leurs démocraties en créant des partis politiques, des associations, des ONGD crédibles. Ils doivent également élever le niveau de vie des populations en construisant des immeubles, en veillant à la propreté des villes. Le secteur de l'éducation doit aussi être amélioré par la formation des cadres compétents à tous les niveaux et verser aux travailleurs des secteurs sociaux les salaires capables de régler les problèmes au quotidien. Les routes, les chemins de fer, les aéroports et les ports doivent également être construits. Le secteur de l'agriculture doit être la priorité des priorités, comme il l'est au Cameroun et au Sao-Tomé principe.

La mondialisation et la modernité font de l'Afrique un monde considéré comme un village planétaire grâce à l'avènement de l'informatique, l'internet, les réseaux sociaux qui permettent de vivre les faits du monde en étant chez soi.

Chapitre II

DE L'ORGANISATION DE L'UNITE AFRICAINE (O.U.A) A L'UNION AFRICAINE (U.A)

Par souci de l'unité des Etats, il avait plu aux pères fondateurs comme Sekou Touré, Léopold Sédar Senghor, Nkouamé Krouma, Fulbert Youlou, etc., de réunir le 25 mai 1963, à Addis-Abeba, en Ethiopie, 30 pays d'Afrique pour un premier rapprochement politique. Ils fondèrent l'Organisation de l'unité africaine (O.U.A.).

L'un des objectifs de l'organisation était de militer pour l'indépendance des colonies européennes en Afrique. Les pères fondateurs de l'O.U.A. l'avaient voulue éminemment politique. Ils l'expliquèrent dans la charte : *« Etre fermement résolus à sauvegarder et à consolider l'indépendance et la souveraineté durement conquises, ainsi que l'intégrité territoriale des Etats, et à combattre le néocolonialisme sous toutes ses formes ».*

En dépit des difficultés de parcours, la lutte contre le joug colonial pour l'acquisition de l'indépendance ''politique'', était menée, jusqu'à son terme, avec courage, couronnant ainsi la volonté des dirigeants africains de l'époque.

En 1999, au sommet de Syrte en Libye, ils prirent la décision de créer l'Union africaine (UA) sur les cendres de l'organisation de l'Unité Africaine (OUA).

Le 11 juillet 2000, à Lomé, au Togo, la charte de l'O.U.A est remplacée par l'Acte constitutif de l'U.A. Pour les chefs d'Etat présents, comme le firent naguère leurs prédécesseurs, la préoccupation essentielle, à travers ce nouvel outil, est de consolider les indépendances africaines sur les plans politique, économique et socioculturel.

En 2001, les chefs d'Etat s'accordent sur les étapes du passage de O.U.A à U.A, en adoptant le programme socioéconomique dénommé Nouveau partenariat pour le développement de l'Afrique (NEPAD).

En juillet 2002, l'U.A est formellement créée à Durban, en Afrique du Sud, sous le mandat du Président sud-africain Thabo Mbeki.

En juillet 2003, il y eut, sous le mandat du chef d'Etat mozambicain, Joaquim Chissano, la mise en place des premières institutions à Maputo, au Mozambique.

- **INSTITUTION**

1) La conférence de l'Union africaine[2]

La conférence de l'Union africaine est l'organe suprême de l'organisation. Elle est composée des chefs d'Etat et de gouvernement des Etats membres ou de leurs représentants accrédités.

a) Fonctionnement[3]

L'organe se réunit au moins deux fois par an en session ordinaire au siège de l'Union africaine à Addis-Abeba, en

[2]Emile GANKANA, *OUA/UA, les deux mandats de Denis Sassou Nguesso,* L'Harmattan-Congo, Paris, 2013.
[3] Idem,

Ethiopie, sous l'auspice du Président élu, chaque année par la conférence.

Celle-ci peut être également invitée à se réunir dans un Etat hôte, en vertu d'un certain nombre de critères fixés dans le règlement intérieur de la conférence. Dès lors, le chef d'Etat ou du gouvernement de ce pays la présidera pendant une année.

La conférence peut également se réunir en session extraordinaire lorsqu'un Etat membre en fait la demande. Il faut, cependant, que les deux tiers des Etats membres donnent leur approbation pour que celle-ci se tienne.

Le quorum nécessaire à la validation des délibérations de toute session est constitué des deux tiers des Etats membres, mais la pratique veut que l'on recherche d'abord le consensus. Toutefois, les décisions de procédure, y compris déterminer si une question est de procédure ou non, sont prises à la majorité simple.

b) Pouvoir de la conférence[4]

La conférence est le principal organe de décision de l'U.A.

Ses pouvoirs sont considérables au sein de l'organisation. Elle précise notamment l'organisation générale des politiques que devra mener l'U.A., et autorise celle-ci à intervenir dans un Etat membre en cas de crise grave (crimes de guerre, crimes contre l'humanité ou génocide).

Le rôle exact de la conférence, précisé dans l'article 9 de l'Acte constitutif de l'UA, lui donne notamment pour missions :

---

[4] Emile GANKANA, *OUA/UA, les deux mandats de Denis Sassou Nguesso,* L'Harmattan-Congo, Paris, 2013.

- de définir les politiques communes de l'Union ;
- recevoir, examiner et prendre des décisions sur les rapports et les recommandations des autres organes de l'Union et prendre des décisions à ce sujet ;
- d'examiner les demandes d'adhésion à l'Union ;
- de créer tout organe de l'Union ;
- d'aborder le budget de l'Union ;
- de nommer et révoquer les juges de la cour de justice ;
- de nommer le président, le ou les vice-présidents et les commissaires de la commission exécutive, et de déterminer leurs fonctions et leurs mandats.

La conférence peut déléguer certains de ses pouvoirs et attributions à l'un ou l'autre des organes de l'Union.

La conférence de l'UA est un des nombreux organes de l'organisation. Il y a aussi le Conseil exécutif, la commission, le Parlement panafricain, la Cour de justice, le Comité des représentants permanents, les Comités techniques spécialisés, le Conseil économique, social et culturel, les Institutions financières.

2) La commission de l'Union africaine

La commission de l'Union africaine est composée d'un président, d'un vice-président et de huit commissaires désignés suivant les zones géographiques (Nord, Ouest, Sud et Est).

Elle est actuellement présidée par Mme NKosa Zana Dlamini Zuma, la Sud-africaine qui a succédé à Jean Ping, le Gabonais.

3) Le Parlement panafricain

Créé en mars 2004, à Addis-Abeba, il compte des députés désignés ou élus à raison de cinq (5) dont une femme pour chaque parlement national. Il a son siège en Afrique du Sud.

4) La Cour africaine des droits de l'Homme et des peuples

Elle a l'ambition d'être une voie de recours pour les Etats, les organisations intergouvernementales, mais aussi pour les individus.

5) Paix, sécurité et stabilité

Un Conseil de paix et de sécurité a été installé en 2004. Il compte quinze (15) Etats membres, dont dix (10) siègent pendant deux ans et cinq (5) autres pendant trois ans.

Un pacte de non-agression et de défense commune, voté par les chefs d'Etat, est en cours de ratification.

6) Economie et finances

Un traité portant création de la Communauté économique africaine est en vigueur depuis 1994. Il est annoncé l'institution d'une banque centrale africaine, d'un fonds monétaire africain, d'une banque africaine d'investissement, d'un fonds africain pour le développement de l'agriculture, enfin d'un Conseil économique, social et culturel.

7) Les symboles de l'Union africaine

a) Emblème de l'Union africaine

L'emblème de l'UA est le logo officiel de l'organisation

b) Logo de l'UA

Logo de l'Union africaine

c) Signification

Selon les indications officielles fournies par l'UA, cet emblème représente la carte vierge du continent africain sans frontières et uni, entouré d'un cercle doré symbolisant la richesse de l'Afrique et son avenir radieux. A l'extérieur de chaque côté de ce dernier se dressent deux feuilles de palmier représentant la paix. Le cercle vert symbolise les espoirs et les aspirations de l'Afrique, alors que les anneaux en forme d'étoiles rouges entrecroisés au bas de l'emblème représentent la solidarité africaine et le sang versé pour la libération de l'Afrique.

d) Drapeau de l'Union africaine

Drapeau de l'Union africaine

Adoptée en 2002, le drapeau de l'U.A. se compose d'une large bande horizontale verte en haut, bordée d'une mince bande jaune, en dessous se trouve une large bande blanche portant l'emblème de l'organisation, bordée d'une mince bande jaune, elle-même bordée d'une large bande verte tout en bas.

Le vert symbolise l'espoir et l'aspiration à l'unité des pays africains, le jaune la richesse et l'avenir souriant du continent et le blanc la pureté du désir de l'Afrique d'avoir des amis dans le monde.

L'emblème central se compose d'une carte du continent africain jaune, sans aucune frontière marquée, afin de représenter l'unité, entourée d'un mince cercle vert et d'un autre cercle jaune.

Des feuilles de palmier sortent du cercle jaune pour symboliser la paix. En dessous, sept cercles enlacés rouges incarnent le sang versé pour la libération de l'Afrique et la solidarité africaine.

Le drapeau est le même que celui de l'O.U.A. qui l'avait adopté en 1970, sept ans après sa fondation. Un concours avait été lancé en 2000 pour en trouver un nouveau, mais l'U.A. a finalement renoncé à ce projet.

8) Hymne africain

En 2004, les représentants des 53 pays membres de l'U.A. ont délibéré en faveur de la conservation des symboles et l'ancienne organisation de l'Unité africaine (OUA); l'emblème, le drapeau, ainsi que l'hymne réarrangés.

Paroles

Unissons-nous tous et célébrons ensemble les victoires remportées pour notre libération

Engageons-nous et levons-nous comme un seul homme pour défendre notre liberté et notre unité.

Refrain

Ô fils et filles de l'Afrique

Chair du soleil et chair du ciel,

Faisons de l'Afrique l'arbre de vie.

Unissons-nous et chantons en chœur,

Pour maintenir les liens qui déterminent notre destin.

Consacrons-nous tous au combat,

Pour la paix durable et la justice sur terre.

Refrain

Unissons-nous et travaillons dur,

Afin de donner le meilleur de nous à l'Afrique, berceau de l'humanité et source de la culture,

Notre fierté et notre espérance au point du jour.

9) Rayonnement international

L'Union africaine œuvre au côté des Nations Unies, de l'Union européenne et du G8 pour les questions de paix, de développement, d'intégration économique et de coopération multisectorielle.

10) Présidents en exercice depuis 2002

Noms	Investiture	Fin du mandat	Pays
Thabo Mbeki	Juil. 2002	Juil. 2003	Afrique du Sud
Joaquim Chissano	Juil. 2003	Juil. 2004	Mozambique
Olusegun Obasanjo	Juil.2004	Jan 2006	Nigéria
Denis Sassou Nguesso	24 Jan 2006	Jan 2007	République du Congo
John Kufuor	Jan 2007	Fév 2008	Ghana
Jakaya Kikweté	Fév 2008	Jan 2009	Tanzanie
Mouammar Kadhafi	Fév2009	Jan 2010	Libye

Bingu Wa Mutariya	Fév 2010	Jan 2011	Malawi
Théodoro Obiang Nguema Mbasogo	Fév2011	Jan 2012	Guinée Equatoriale
Thomas Boni Yayi	Fév2012	Jan 2013	Bénin
Haile Mariam Dessalegn	Jan 2013	Jan 2014	Ethiopie
Mohamed Ould Abdel Aziz	Jan 2014	Jan 2015	Mauritanie
Robert Mougabe	Jan 2015	Jan 2016	Zimbabwe
Idriss DébyItno	30 Jan 2016	En cours	Tchad

11) Les Etats membres de l'Union africaine

Afrique du Nord ou Maghreb ou septentrionale

1. Algérie
2. Egypte
3. Libye
4. Maroc
5. Mauritanie
6. Tunisie

Afrique de L'Ouest

1. Bénin
2. Burkina-Faso
3. Cap - Vert
4. Côte d'Ivoire

5. Gambie
6. Ghana
7. Guinée (Conakry)
8. Guinée Bissau
9. Libéria
10. Mali
11. Niger
12. Nigéria
13. Sénégal
14. Sierra Léone
15. Togo
16. SAO Tomé et Principe

Afrique de l'Est ou orientale

1. Burundi
2. Djibouti
3. Erythrée
4. Ethiopie
5. Kenya
6. Ouganda
7. Rwanda
8. Somalie
9. Soudan
10. Soudan du Sud
11. Tanzanie

Afrique australe

1. Afrique du Sud
2. Angola
3. Botswana
4. Lesotho
5. Malawi
6. Mozambique
7. Namibie

8. Swaziland
9. Zambie
10. Zimbabwe

Afrique centrale

1. Cameroun
2. République du Congo
3. République démocratique du Congo
4. République centrafricaine
5. Tchad
6. Guinée Equatoriale
7. Gabon

Océan indien

1. Comores
2. Madagascar
3. Maurice (île)
4. Seychelles.

De tous les chefs des Etats membres de l'UA, l'honneur a été accordé à un panafricaniste, grand baobab d'Afrique, son Excellence Monsieur Denis Sassou Nguesso, Président de la République du Congo, qui a été élu deux fois à la tête de cet organe : OUA de 1986 à1987, UA de 2006 à 2007)[5].

---

[5]Emile GANKANA, *OUA/UA, les deux mandats de Denis Sassou Nguesso,* L'Harmattan-Congo, Paris, 2013, p. 8-9; 24; 51-61.

Chapitre III

LA COMMUNAUTE AFRICAINE DE SOUTIEN A L'UNION AFRICAINE (CASUA-ONGD)

Une couronne est une mine d'or qu'il faut creuser sans relâche.

En 2013, le 15 juin, dans la grande salle de conférence de la mairie centrale de Brazzaville, en République du Congo, sous l'initiative du professeur Monulphe Marie Nerée MADOPO YAHUMA NZONDOMYO, les panafricanistes, ressortissants des différentes communautés africaines basées à Brazzaville, se sont levés pour soutenir les chefs d'Etats membres de l'Union africaine, au cours de la manifestation marquant la 21ème session de la commission de l'UA à Addis-Abeba, en Ethiopie où il y a eu la fête de 50ans de L'O.U.A.-U.A.. Le même jour à 17h, il y a eu création de l'organisation non gouvernementale de développement dénommée Communauté africaine de soutien à l'Union africaine, en sigle C.A.S.U.A./O.N.G.D., qui est un corps d'initiatives privées et d'appui aux actions des Etats membres de L'U.A., pour le développement du continent africain en général, reconnu par le ministère de l'Intérieur et de la décentralisation de la République du Congo (voir récépissé n° 025/015/MID/DGAT/DER/SAG du 04/02/2015) et soutenu par le ministère des Affaires étrangères et de la Coopération (voir lettre n° 002492/MAEC- SG/DA/DUAIR du 09 mai 2014) et par l'ambassade des USA dans la lettre de la première conseillère du 07 août 2015. Elle est à caractère international, une et indivisible et a son siège social au n° 96 bis de la rue Sainte-Anne, Arrondissement 5 Ouenzé, à Brazzaville, en République du Congo. Toutefois, il peut être transféré à un autre lieu de la République du Congo ou dans un pays parmi les Etats membres de L'UA. Sur décision de la majorité simple des membres réunis en Assemblée générale, ou sur la décision des 2/3 des membres du Conseil d'administration.

1-Devise, emblème, durée, champ d'action

Créée pour une durée indéterminée à partir de la signature de sa charte constitutive par les cofondateurs, CASUA - ONGD exerce ses activités sur toute l'étendue de la République du Congo et, le cas échéant, dans tous les pays -ou Etats- membres de L'U.A. Elle a pour devise : Unité- Paix- Amour et slogan : pour l'Unité et le développement de l'Afrique.

CASUA/ONGD a pour emblème : deux branches du palmier (Signe d'amour, de joie, d'abondance et de développement durable dans une constante performance) entourant une colombe (symbole de paix et de sérénité), portant un cercle, dont le contenu est le continent africain rayonnant (symbole d'une Afrique unie, harmonieuse et très riche par le savoir diversifié).

2- Objectifs et stratégies

a) Objectif général

CASUA/ONGD s'est assigné comme objectif général le rassemblement des Africains des Etats membres de L'U.A autour d'une grande famille panafricaine afin d'œuvrer pour l'unité, la paix et le développement durable du continent africain à l'exemple des pères, chefs d'Etat africains, en vue de renforcer leur lien de solidarité.

b) Objectifs spécifiques

CASUA/ONGD vise de manière spécifique à:

- aider tous les membres effectifs panafricanistes à découvrir leurs origines ;

- apporter de l'aide aux populations démunies ;

- soutenir les actions sociales et de développement initiées par les chefs des Etats membres de l'Union africaine ;

- promouvoir les activités scientifiques culturelles, sportives au sein de CASUA/ONGD avec les autres colonies à travers les Etats membres de l'Union africaine.

- apporter la contribution dans la lutte pour le développement durable dans tous les secteurs : éducation, santé, agriculture, énergie, eau et forêt, etc.

c) Stratégies

CASUA- ONGD se propose de mener les stratégies ci-après :

- visite des hôpitaux, des prisons, des homes des vieillards, des orphelinats ;

- assistance aux autres ONGD dans l'élaboration des projets de développement ;

- tenir des conférences pour la formation et l'édification des peuples africains ;

- produire des ouvrages scientifiques et des supports informatiques (CD, DVD…) pour l'information aux Africains dépourvus des connaissances sur le développement de leur continent ;

- réveiller les membres effectifs à connaître, maîtriser et apprendre aux autres Africains leurs origines à travers autant des cultures et civilisations ;

- implanter des écoles, des instituts ou des universités panafricaines et des hôpitaux ou des centres de santé pour soutenir les efforts des chefs d'État des pays membres de l'U.A dans les secteurs socio-éducatifs et sanitaires.

3. Membres

a) Adhésion

L'adhésion au sein de CASUA/ONGD est libre et indépendante pour toute personne physique ou morale répondant aux conditions suivantes :

- être panafricaniste ressortissant de l'un des Etats membres de l'UA ;
- souscrire aux dispositions des statuts et règlement intérieur de CASUA/ONGD ;
- jouir de tous ses droits civiques ;
- être conforme aux exigences du pays d'accueil ou d'habitation ;
- détenir une carte de membre.

b) Catégorie

CASUA-ONGD comprend quatre (4) catégories des membres, entre autres :

- les membres fondateurs ;
- les membres effectifs ;
- les membres sympathisants ;
- les membres d'honneur.

c) Exclusion

Est passible d'exclusion, tout membre qui :

- discrédite l'honneur et la dignité de C.AS.U.A/O.N.G.D ou de l'un de ses membres ;

- commet un délit ou infraction aux dispositions des statuts et règlement intérieur de C.A.S.U.A./O.N.G.D.

4- Organes de gestion

C.A.S.U.A/O.N.G.D est composée des organes ci-après :

- l'Assemblée générale (A.G) ;
- le Conseil d'administration(C.A) ;
- le bureau de coordination (B.C) ;
- les comités interfédéraux ;
- les comités fédéraux ou départementaux.

a) L'Assemblée générale (A.G)

C'est l'organe suprême de C.A.S.U.A/O.N.G.D. Elle est composée de tous les membres effectifs de C.AS.U.A/O.N.G.D et se réunit une fois par an en session ordinaire et, le cas échéant, en session extraordinaire sous la direction du président coordonnateur.

Elle délibère à la majorité simple de ses voix ; en cas d'égalité de voix, celle du président coordonnateur est prépondérante.

b) Le Conseil d'administration (C.A)

Le Conseil d'administration est l'organe de création et de suivi de C.A.S.U.A/O.N.G.D. Il est composé des membres fondateurs de C.A.S.U.A/O.N.G.D et dirigé par le fondateur principal qui en est le président (P.C.A).

Les membres fondateurs, signataires de la charte constitutive sont :

<table>
<tr><th>N°</th><th>Nom et prénoms</th><th>Nationalité</th></tr>
<tr><td>01</td><td>Prof. Monulphe Mari Nerée Madopo-Yahuna-Nzondomyo</td><td>Congolaise de la R.D.C</td></tr>
<tr><td>02</td><td>MR. Bernard Claude Augé-Bongo</td><td>Congolaise de Brazzaville</td></tr>
<tr><td>03</td><td>MR. L'Abbé Didier René Iyungu-Ilewa</td><td>Congolaise de la R.D.C</td></tr>
<tr><td>04</td><td>AP. Jackson Empoke-Mputu</td><td>Congolaise de Brazzaville</td></tr>
<tr><td colspan="3">Les membres d'honneur qui soutiennent C.A.S.U.A-O.N.G.D</td></tr>
<tr><td>01</td><td>Mme Okombi née Virginie Laure Mabounda</td><td>Congolaise de la R.C</td></tr>
<tr><td>02</td><td>Pasteur Charles Mpoyi (Ack Kombo Brazzaville)</td><td>Congolaise de la R.D.C</td></tr>
</table>

c) Le Bureau de coordination (B.C) est l'organe exécutif des décisions de l'A.G. Il est composé de douze (12) membres répartis dans des structures suivantes :

- La présidence du Bureau de coordination (P.B.C) ;
- Le secrétariat général (S.G) ;
- Le secrétariat exécutif (S.E).

❖ **La présidence du Bureau coordonnateur est composée :**

- d'un président coordonnateur ;

- d'un 1er vice-président chargé des relations extérieures, mobilisation et implantation ;
- d'un 2ème vice-président chargé des questions politiques, administratives et juridiques ;
- d'un 3ème vice-président chargé des finances et du patrimoine ;

Elle est dirigée par le président coordonnateur.

❖ **Le secrétariat général (S.G) est composé :**

- d'un secrétaire général ;
- d'un secrétaire général adjoint chargé de projet, de planification et de la jeunesse, sport et loisir ;
- d'un protocolaire général.

Il est dirigé par le secrétaire général sous la supervision du président coordonnateur.

❖ **Le secrétariat exécutif (S.E) est composé de cinq (5) membres à savoir :**

- le trésorier général ;
- le secrétaire exécutif chargé du genre, de la promotion de la femme africaine au développement et des affaires sociales et humanitaires ;
- le secrétaire exécutif chargé des affaires culturelles et éducatives et de la communication, presse et médias ;
- le secrétaire exécutif chargé de suivi et contrôle des activités interfédérales, compte et audit ;
- le secrétaire exécutif chargé de l'environnement, tourisme, marketing, industrie, commerce et agropastoral.

Les réunions du S.G et S.E sont présidées par le président coordonnateur. Le bureau coordonnateur dirige les 54 Etats membres de L'U.A.

Les comités interfédéraux, départementaux ou fédéraux, sectionnaires, des arrondissements et cellulaires représentent C.A.S.U.A/O.N.G.D au niveau des Etats, des départements ou régions, des communes ou des arrondissements, des universités, des quartiers, des entreprises ou des sites expressément choisis.

Ils peuvent être éclatés en des sous-cellules dénommées « Bases ».

d) Ressources et partenariat

Les ressources

Les ressources de C.A.S.U.A/O.N.G.D sont essentiellement constituées de :

- fonds propres des fondateurs ;
- cotisations statutaires et extrastatutaires des membres effectifs sympathisants et d'honneur ;
- dons et legs ;
- subvention ;
- revenus des prestations.

C.A.S.U.A/O.N.G.D pourra exercer des activités génératrices des revenus dans le seul but d'atteindre ses objectifs.

- Le Partenariat

C.AS.U.A./ O.N.G.D se réserve le droit de conclure des accords de partenariat avec des tiers (O.N.U, UE, Etats membres de l'UA, entreprises publiques ou privées, universités, organismes de bienfaisance ou philanthropiques, organisations non gouvernementales de développement et autres associations spécialisées reconnues par le gouvernement en place, partis politiques, collectivités locales, etc.) susceptibles de lui permettre d'atteindre ses objectifs.

C.A.S.U.A./O.N.G.D. est régie par la nouvelle constitution qui est entrée en vigueur le 20/01/2016.

C.A.S.U.A./O.N.G.D. soutient l'UA avec les résolutions si louables prises au cours de la vingt-septième session de la Commission de l'UA qui s'est tenue à Kigali au Rwanda en juillet 2016. Nous avons retenu, entre autres :

- l'instauration de la taxe continentale de 0,2% comme nouveau mécanisme de financement de l'UA ;
- le passeport africain permettant de voyager, sans visa, à travers le continent, permettant ainsi la libre circulation dans les 54 Etats membres de l'UA ;
- le NEPAD ;
- la solution proposée par les premières dames d'Afrique sur le SIDA à la dix-septième Assemblée générale de l'OAFLA /OPADS ;

Vu les efforts fournis par Mme Nkossa ZANA DLAMINI ZUMA à la tête de la Commission de l'UA, C.A.S.U.A./O.N.G.D soutient l'initiative des chefs d'État, à la vingt-huitième session, à élire un diplomate expérimenté pour présider aux destinées de la Commission de l'UA.

Chapitre IV

LA PROBLEMATIQUE DU CONTINENT AFRICAIN, LA PART DE L'AFRIQUE DANS LE COMMERCE MONDIAL

L'Afrique est un continent riche en ressources naturelles, que Dieu a données gracieusement aux Africains, un véritable jardin d'Eden. Il a un sous-sol qui regorge les minerais, les immenses et denses forêts équatoriales, l'abondante hydrographie, la seconde du monde après l'Amazonie... Toutes ses richesses intéressent et attirent les Occidentaux qui défilent en Afrique pour les exploiter et les exporter selon les marchés ou accords commerciaux conclus de gré à gré, sans le moindre respect des règles du partenariat. Ils ont créé des mécanismes ou organes de surveillance et de contrôle tels que l'OMC, le FMI, la banque mondiale.

Sur le plan commercial, par exemple, les Africains détenteurs des matières premières ne fixent pas eux-mêmes les prix de vente de celles-ci. Ce sont les Occidentaux qui les fixent. Les Africains les acceptent sans sourciller. Toute la résignation exprimée !

Le produit brut est africain. Mais le produit fini, traité et transformé en Europe est revendu à des prix exorbitants aux Africains. Les matières premières telles que le café, le pétrole, les diamants, le cobalt que leur sont "vendues", comme produits bruts, à vils prix, une fois transformées en produits finis, faute d'industries lourdes ou d'industries de transformation en Afrique ; ces divers produits sont revendus très cher aux Africains.

Le coltrane, matière brute, est vendu moins cher, mais l'IPAD, le téléphone ou l'ordinateur sont des produits finis vendus très cher.

Les Blancs se prennent pour des maîtres. La richesse africaine est leur propriété privée. Ainsi, ayant la mainmise sur les dirigeants africains et leurs matières premières, ils ne voudront jamais que les Africains se regroupent et forment un bloc pour « une Afrique unifiée et forte » à développer, afin de proclamer : « l'Afrique aux Africains », avoir des institutions fortes et des dirigeants et peuples (r)éveillés.

Malheureusement, la plupart des chefs d'Etat africains, soumis et résignés, n'ont pas les mains libres pour décider du destin de leurs peuples en leur faisant bénéficier des revenus de l'exploitation des richesses de leur sol et sous-sol.

Au XXIe siècle, c'est encore le diktat survivant du colon envers le colonisé, qui est pérennisé par les Africains eux-mêmes.

Comment développer économiquement les pays africains si les différents accords, traités et conventions signés, ratifiés par les Etats africains ne profitent qu'aux Occidentaux ou Européens ?

Les Africains devraient se battre pour obtenir l'indépendance économique en négociant les accords équitables, voire gagnant-gagnant.

Chapitre V

COMMENT DEVELOPPER ECONOMIQUEMENT LE CONTINENT AFRICAIN ?

La mondialisation a beaucoup apporté à l'Afrique. Elle a fait du monde un village planétaire par l'explosion des outils de la communication. L'avènement de l'informatique et de l'internet, les réseaux sociaux, "Facebook" couvrant quatre générations des ordinateurs : la 5e, la 6e, la 7e et la 8e génération.

- La 5e génération est caractérisée par le micro-ordinateur construit autour de microprocesseurs ;

- la 6e génération est caractérisée par des puces photoniques qui remplacent les électrons par des photons ;

- la 7e génération est caractérisée par des ordinateurs neuronaux et la miniaturisation toute petite ainsi que l'avènement des téléphones portables avec des circuits intégrés comparables aux nerfs du cerveau ;

- la 8e génération est caractérisée par des ordinateurs portables, marque Laptop et Ipades et l'apparition de whatsapp, Twitter, Msn, Java, etc.

La modernité est d'un grand apport pour l'Afrique du point de vue du développement des Etats avec la politique de modernisation des villes et provinces enclavées. La municipalisation accélérée en République du Congo et la révolution de la modernité en RDC participent au développement non seulement des deux pays au cœur de l'Afrique, mais aussi du continent.

Le Coltrane, exploité à l'Est de la RDC, destiné à la fabrication des ordinateurs et des téléphones, devrait contribuer au développement économique de ce pays et, partant, de ceux où les hommes utilisent ces outils modernes de travail et de communication.

L'Africain peut alors tirer profit de cette avancée technologique de la modernité. Les entreprises africaines peuvent utiliser l'outil informatique ; cet ensemble de machines reliées entre elles et qui servent au traitement automatique et rationnel de l'information n'échappe à personne. Aujourd'hui, époque de la modernité, une personne qui n'a pas la maîtrise de cet outil est considérée comme un illettré ou un analphabète.

Nous devons soutenir les idées salvatrices de nos chefs d'Etat qui pensent à :

- la diversification de nos économies encore fragiles et dépendantes des industries de transformation pour l'exploitation de nos ressources naturelles ;
- la libre circulation des hommes et de leurs biens ;
- la croissance économique continentale ;
- la promotion de l'emploi.

Le secteur éducatif est prioritaire dans la formation des cadres. Dans tous les pays africains, il faut créer des écoles et des universités qui formeront des élites sur tous les domaines ; trouver des enseignants bien formés et expérimentés, capables de former de nouveaux esprits et bien payés.

Il est constaté que 80% des programmes du secteur éducatif des pays africains sont financés par l'extérieur, ce qui est anormal. L'Afrique doit être fière de ses ressources naturelles à vendre à l'occident pour son développement tant économique que socioculturel. L'Afrique du Sud, l'Egypte, l'Algérie, la Tunisie, le Maroc ont déjà atteint une vitesse de croisière pour le développement dans plusieurs secteurs, celui des infrastructures de base en particulier, car il permet le brassage des citoyens et permet de couvrir les distances en peu de temps.

Il reste que les pays d'Afrique surtout ceux de l'Afrique centrale doivent se "connecter". Ndjamena et Bujumbura peuvent être reliés par le chemin de fer, Kinshasa et Brazzaville par un pont, route-rail, Zongo et Bangui par un pont, à l'exemple de l'Afrique du Sud, du Swaziland, du Mozambique et autres.

Chapitre VI

LA CRISE DE LEADERSHIP, HANDICAP PRIMORDIAL DU DEVELOPPEMENT DU CONTINENT AFRICAIN

Les Africains des différents pays ont, par la grâce de Dieu, beaucoup appris. Ils sont pour la plupart des professeurs d'université, des savants. Mais lorsqu'ils prennent les rênes d'une nation (présidence de la République), ou lorsqu'ils sont appelés à servir dans un ministère, ils perdent la tête par ce qu'ils accumulent des fortunes colossales, s'enivrent et se vautrent dans les femmes, au détriment des peuples au nom desquels ils battent campagne et à qui ils font boire la ciguë de la pauvreté.

Il y a là crise de leadership en Afrique. Le leader doit avoir plus de qualités que de défauts, car il devrait être au service du peuple qui lui a accordé sa voie lors du vote.

Aussi devra-t-il posséder quatre qualités managériales ci-après :

- être un leader ;
- être un stratège ;
- être un manager ;
- être charismatique.

Toutes ces qualités permettent d'apprécier la performance de l'autorité. C'est pourquoi, malgré les limitations des mandats, le président peut gouverner un pays autant de fois si le peuple reconnaît en lui les qualités d'un guide providentiel, soucieux de son peuple.

La crise de leadership en Afrique se manifeste aussi par l'absence du respect des notions comme la hiérarchologie et la collaboration. Il ne faut pas que la gestion du pouvoir public ou privé échappe au gestionnaire parce qu'on a privilégié le sentiment au détriment du savoir-faire, du travail réalisé avec amour, compétence et volonté.

Ainsi, nous aurons des cadres qu'il faut à la place qu'ils vaudront.

Chapitre VII
L'INTEGRATION REGIONALE ET SOUS-REGIONALE POUR L'UNITE ET LE DEVELOPPEMENT DU CONTINENT AFRICAIN

Une maison ne peut pas être construite sans fondation et on ne peut y vivre sans toiture. Si l'Union africaine, à travers les 54 Etats, a été créée pour résoudre les graves problèmes du continent africain, l'intégration régionale et sous-régionale demeure l'épineux problème. Comment marquer l'unité entre les sous-régions de la CEAC, la CEMAC, la COMESA et la CDAO (le monde arabe) ?

Le développement durable du continent africain dépend de l'intégration de ces différentes institutions financières. Les diverses richesses culturelles fondent-elles le terreau de cette fracture sociale et freinent-elles l'évolution du continent ? Il est souhaitable que le monde arabe, avec toutes ses réalités économiques et politiques, intègre la dynamique des Etats unis d'Afrique pour que l'UA soit forte. Les chefs d'Etat doivent, avec l'appui des peuples respectifs, s'y atteler pour que l'unité de l'Afrique soit confortée.

L'intégration régionale est depuis toujours une aspiration pour l'OUA/UA, sachant que les communautés économiques régionales (CER) reposent sur de nouveaux pôles de croissance régionaux.

Une approche pragmatique et axée sur les résultats de l'intégration régionale africaine pourra créer des marchés sous-régionaux connectés où les biens, les capitaux et les personnes se déplaceraient facilement au-delà des frontières. Dans ces conditions, les Africains seront bien placés pour adopter une approche commune dans les négociations relatives au commerce ainsi qu'à l'investissement.

En mettant en œuvre leur agenda sur l'intégration régionale, les pays africains réduiront le risque d'échec résultant d'accords commerciaux séparés au plan international (APE). Ils commenceront à substituer le commerce et l'IDE à l'aide bilatérale et conditionnelle.

La réalisation de l'intégration régionale aidera le continent à corriger la fragmentation de ses réseaux d'infrastructures, renforcer son approvisionnement en énergie, développer sa stratégie d'industrialisation en profitant pleinement de la compétitivité de ses produits de base (dans l'agriculture, l'exploitation minière, etc.).

Elle rendra également possible une gestion optimale de la dotation en ressources naturelles du continent. Pour ces raisons, l'Union africaine et les Etats membres se sont engagés à accélérer le programme d'intégration régionale à travers la création d'un marché commun à l'horizon 2017[6].

De manière transversale, à tous ces moteurs se trouve le défi de la gouvernance redevable et de développement. La mise en œuvre de cette dernière est un préalable essentiel pour la réalisation de la transformation socio-économique de l'Afrique et pour le bien-être de ses citoyens[7].

---

[6]*Maurice ENGUÉLÉNGUÉLÉ, L'Agenda 2063 de L'UA, IAG, Dakar, P14-16.*
[7] Idem

Chapitre VIII
LA JEUNESSE AFRICAINE, L'ESPOIR DU CONTINENT ET DU MONDE

On dit souvent que la jeunesse, c'est l'espoir d'une nation, d'un continent ou du monde. Pour figurer parmi les grands, pour devenir adulte et responsable, un jeune doit être encadré, formé, instruit, initié à la vie.

Le jeune Africain particulièrement doit prendre en main sa vie, son avenir. Car il est censé être responsable un jour. Pour réussir, pour s'assurer un avenir radieux, un jeune doit au bout de ses études, de sa formation, faire une option fondamentale. Il doit compléter sa formation en adhérant aux mouvements tels que : l'Eglise à travers la commission des jeunes et d'autres communautés des jeunes, les associations, les ONG, les équipes de football, de volley-ball, de basket-ball, de hand-ball, de Nzango ; la marche à pied, le cyclisme ; les jeux tels que le ping-pong, le scrabble, le Ludo etc. Ces jeux et sports amènent le jeune à vivre en communauté avec les autres ; il apprend à connaître les autres pour forger son mental et cultiver sa personnalité ; à faire face aux différents obstacles qui se présenteront devant lui. Les sports et autres activités développent aussi l'esprit et l'intellect de l'homme. Les arts martiaux assurent aussi le développement corporel, spirituel et intellectuel de l'humain.

Le continent africain est peuplé de jeunes, mais son destin dépend de ceux qui doivent être capables d'assurer son évolution et son développement. Les jeunes ne doivent pas être paresseux, bandits, voleurs, brigands, braqueurs, escrocs, soulards, etc.

Un jeune africain bien équipé et bien formé peut diriger un foyer, une entreprise, une communauté, une association, une ONG ou ONGD, un ministère…Il peut également représenter un peuple à l'Assemblée nationale comme député ou sénateur. Il peut aussi diriger un pays.

Les chefs d'Etat africains et européens jeunes, pour la plupart, ont accédé à la tête de leur pays. Le roi Baudouin 1er de la Belgique était devenu sa majesté à l'âge de 20 ans ; Mobutu Sessé Seko, présidents à 30 ans, Denis Sassou Nguesso à 36 ans, Joseph Kabila à 29 ans ; Balkis Macceda, la reine de Saba, la reine Ngalifourou, etc.

Le jeune Africain est donc capable d'assumer des responsabilités pour réaliser son destin, s'il tient à la pensée de *Saint Augustin, jeune évêque d'Ippôme l'actuelle Algérie, je cite :*

« Aime et fais ce que tu veux, c'est-à-dire le bien,

Dieu qui nous a créés sans nous, ne peut nous sauver sans nous,

Tu nous as faits pour toi Seigneur, et notre cœur est sans repos, tant qu'il ne repose en toi. »

Et Nietzsche complète en ces termes : « Avant de savoir voler, il faut savoir se tenir debout, avoir des ailes, seul ce n'est pas suffisant».

Et Virgile ajoute : « Labor Omnia Vincit Improbus, c'est-à-dire un travail acharné vainc tout ».

Tout jeune ayant un quotient intellectuel normal (0 à 60°) doit avoir des ambitions à réaliser pour sa vie et son avenir, sans oublier que le destin nous joue parfois des tours. Nelson Mandela avait l'ambition de libérer les Noirs sud-africains de la ségrégation raciale nommée "apartheid". Malgré les 27 ans d'emprisonnement, il est devenu le premier Président noir de la République sud-africaine.

Que les Africains aient la foi dans leurs actions ! L'avenir dépend d'eux.

Chapitre IX
LA FEMME AFRICAINE ACTRICE DU DEVELOPPEMENT CONTINENTAL

Le mois de mars 2014 a été très particulier du fait de nombreuses initiatives prises par les femmes africaines, en collaboration avec celles de l'occident.

La femme a montré ce dont elle est capable pour vivre en harmonie avec l'homme afin que le continent africain soit développé.

Balkis Macceda, la reine de Saba, en Ethiopie, Béatrice Tchimpa Vita en RDC, Aline Sitoé Diata au Sénégal, Antoinette Sassou Nguesso au Congo-Brazzaville, Olive Lembé Kabila en RDC, constituent l'échantillon des Africaines qui prouvent leur capacité à pouvoir diriger un pays à l'instar de Catherine Samba Panza, présidente de la transition en République centrafricaine (2014-2016).

Le 2ème Forum mondial des femmes, tenu en mars 2014 à Kinshasa, a montré à la face du monde que la femme est capable d'être responsable. Pour paraphraser madame Yamina Benguingui, la ministre française chargée de la Francophonie, qui a insisté sur la scolarité de la jeune fille jusqu'à 16 ans, comme le combat de tous les foyers, la femme a le droit de participer à l'édification de la société. Et les premières dames, figures de proue, doivent être les pionnières en tant qu'épouses des chefs d'Etat, décideurs des pays africains. Conseillères, leurs époux doivent réellement travailler pour le développement de leurs pays respectifs et celui du continent africain. En revanche, la femme africaine doit bénéficier de l'estime des dirigeants africains pour son épanouissement.

L'éducation et l'instruction demeurent les clés de l'émancipation de tout homme. La femme africaine doit être formée, non seulement à l'école, mais aussi dans des milieux communautaires tels que les associations, ONG, églises, commissions paroissiales, etc. C'est pourquoi instruites, les femmes dénoncent les mutilations sexuelles et la violence de tous genres. Pour la survie de leurs foyers, les mamans doivent privilégier les activités génératrices de revenus par la création de petites et moyennes entreprises.

La femme est placée providentiellement à côté de l'homme pour l'accompagner et l'aider à la réalisation de multiples projets. Nous référant au chapitre 2, verset 23 du livre de la Genèse, Adam s'exclama en ces termes :

« *Voici cette fois-ci l'autre moi-même, la chair de ma chair* ». Elle est comme une ombre de l'homme.

La femme procure non seulement du bonheur, de l'ordre, de la fraîcheur dans le foyer, mais elle est aussi source de malheur si elle introduit un corps étranger dans le couple. Elle dérange et fait basculer le foyer dans un univers immonde.

Les antinomies sont naturelles. Il existe le jour et la nuit, le froid et le chaud, le haut et le bas, la maladie et la santé, la vie et la mort, le bon et le mauvais, etc. L'un de ces deux éléments constitue généralement le contraire de l'autre. La femme est ainsi le contraire de l'homme. Dieu a taillé leurs corps afin que les deux s'attirent et vivent ensemble. La femme est donc créée pour être le complément de l'homme. La femme doit son épanouissement à l'homme.

Etre fragile, la femme veut être aux bons soins de l'homme à travers le sourire, la tendresse, le soutien moral et financier, de son amour. Que la femme africaine aide la femme autochtone à sortir du carcan de l'homme bantou. Qu'elle s'ouvre au monde moderne pour s'épanouir et contribuer au développement du continent africain et de celui de la planète.

La femme doit être aussi initiée et formée dans des affaires électorales pour prendre part aux activités électorales : présidente du bureau de vote, électrice, observatrice…

Chapitre X

LE SIDA, UN DANGER PERMANENT POUR LE CONTINENT AFRICAIN

Si nous, Africains, croyons que le SIDA, ce syndrome n'existe plus, nous commettons une grave erreur. Malgré les antirétroviraux, il n'y a pas encore un remède efficace pour l'éradiquer. Si nous ne prenons garde, il risque d'exterminer les Africains.

Le SIDA n'épargne personne. Il n'a pitié ni des prêtres, ni des grands hommes d'Etat, ni des grands officiers de l'armée, ni des évêques, ni des pasteurs, ni des religieuses, ni des apôtres, ni des prophètes, ni des imams, ni des chefs coutumiers, ni des rois, ni des marabouts, ni des occultistes... Il attaque aussi les médecins eux-mêmes, les laborantins, etc.

Il intègre les foyers pour séparer les couples des bien-aimés. Il détruit les communautés, les familles, les enfants, les associations, les ONGD, etc.

Peuple africain, panafricaniste, lève-toi, prends conscience que le SIDA existe. Boute-le hors de ta vie par l'abstinence. Il est dangereux pour ceux qui aiment la boisson et qui s'adonnent à la prostitution. Ils copulent avec les femmes sans usage de préservatif.

Les organismes comme le PNLS, en collaboration avec l'OMS, ONUSIDA, doivent soutenir les efforts des premières dames africaines pour mettre fin à la propagation du Sida au sein du continent africain.

Par prudence que celui qui ne peut supporter l'abstinence ou autre méthode contraceptive utilise alors les préservatifs. En cinquante ans, plus de onze pays souffrent de cette pandémie à laquelle s'est ajouté maintenant le virus d'Ebola.

Chapitre XI

L'AVANTAGE ET L'INCONVENIENT DU MARIAGE INTERAFRICAIN

En Afrique, il y a de grands êtres préparés pour accomplir de grandes missions. Mais, ils ne peuvent sortir que de l'Union entre deux personnes des pays différents et de deux races différentes. Dieu souverain peut occasionner cela en faisant croiser ces êtres dans un pays africain. Il suscite leur rencontre avec beaucoup d'amour sans tenir compte qu'ils sont l'un et l'autre des étrangers. De ce type d'unions naissent ces grands hommes.

Le mariage interafricain est ainsi providentiel. Il n'y a point d'interdit, il ne dépend que de ces deux personnes de sexes opposés. Il y a beaucoup d'enfants à double nationalité qui se retrouvent dans des conditions pareilles. Il a été aussi observé que les deux étrangers rencontrés deviennent une seule chair fondamentalement liée jusqu'à la mort. C'est à la loi de trancher.

Le fait de lier deux civilisations différentes, deux nationalités différentes, deux mentalités différentes, deux éducations différentes peut, à quelques exceptions près, les opposer. Seulement, en amour ses différences doivent être surmontées, voire bannies, car l'un et l'autre sont appelés à s'accepter dans leurs différences respectives. L'amour est plus fort que ce qui les diviserait.

Le mariage interafricain paraît difficile en Afrique de l'Ouest surtout chez les Peuls et au Maghreb, Afrique dite blanche. Les mariages mixtes y sont formellement interdits. Et pour le respect absolu des lois traditionnelles, ils préfèrent se marier entre eux pour éviter d'éclater le cercle familial. Ce mythe doit être réparé. A l'heure de la modernité, certaines traditions africaines sectaires ou claniques, qui n'arrivent pas à s'adapter, doivent tomber en désuétude.

Dans le monde moderne, il faut faire évoluer les civilisations pour constituer de grands ensembles. Ainsi, certaines traditions doivent évoluer et s'affranchir des blocages. Le syncrétisme est possible, autrement dit prendre ce qui est positif dans les traditions africaines, les adapter dans le monde moderne ; rejeter ce qui paraît inadapté, voire archaïque.

Dans le mariage, les deux partenaires africains doivent prendre toutes les précautions nécessaires et faire des efforts pour s'accepter dans les différences réciproques : de civilisations, de nationalités, de mentalités, d'éducations. Elles peuvent générer l'incompréhension sentimentale, les opposer et les pousser au divorce s'ils n'arrivent pas à s'accepter. L'un privilégie son pays, sa tribu, son ethnie, sa coutume rejetant l'autre pris pour un étranger.

Malgré ces travers, le mariage interafricain est déjà courant en Afrique.

Dans ce vivre-ensemble, avant de se marier, les deux partenaires africains devraient faire des efforts pour s'habituer chacun à la race et à la civilisation de l'autre. Les deux partenaires doivent aussi se rassurer de leur santé, surtout de leur état sérologique, car le Sida est un réel fléau qui ravage les habitants de la planète. Le couple trouverait plus de bonheur. Les enfants pourront suivre les pas des parents.

Chapitre XIII

PAIX ET SECURITE, DEUX ELEMENTS MOTEURS DU DEVELOPPEMENT DU CONTINENT AFRICAIN

La paix est une attitude de quiétude qui loge dans le cœur de l'homme, fondant la vie et l'évolution de celui-ci. Elle rend l'homme heureux ; son absence le rend malheureux et le détruit.

Saint François d'Assise, dans sa prière, commence en ces termes : « Seigneur, fais de moi un instrument de paix ».

Sainte Raphaëla Maria a chanté un refrain célèbre :

« Tous unis en tout comme les doigts de la main et un cœur universel, tous souffrir par Amour, donner tout par la paix, en simplicité et humilité ».

Elle composa des couplets merveilleux comme :

1- Si les grains de blé ne tombent à terre, la terre ne les fécondera, pour être de bonne fondation, il faut se laisser piétiner.
2- Comme un peu d'argile entre ses mains, le Seigneur va nous façonner, notre vie doit s'abandonner pour qu'il puisse la modeler.
3- Nous voulons former notre histoire selon le plan et la pensée du Seigneur, et avoir le cœur bien disponible pour accueillir tout son amour.

Sainte Thérèse de l'enfant Jésus s'exprime ainsi :

« Je suis une très petite âme qui ne peut offrir au bon Dieu que de très petites choses ».

« La sainteté ne consiste pas à dire des paroles pieuses, mais il faut la conquérir avec une pointe de l'épée. »

Et Sainte Thérèse de Lisieux dit : « Pour que l'amour soit pleinement satisfait, il faut qu'il s'abaisse jusqu'au néant ».

L'homme étant l'ensemble de toutes les dimensions, en tant qu'un être libre, il a besoin de vivre sa vie dans une paix totale, malgré l'expression : « Qui veut la paix prépare la guerre ».

C'est l'homme qui crée des mécanismes pour mettre le monde dans un état de manque de paix. Mais, celui-ci étant une créature divine, il doit toujours se ressourcer auprès de Dieu, qui est source de la paix.

En politique, la paix est à construire. Elle n'est pas la seule finalité de toute action. Si l'homme est différent des autres par les idées, grâce à la paix il peut se rapprocher d'eux.

C'est ce qui fait que lorsque dans un pays l'opposition et la mouvance présidentielle s'affrontent au niveau des idées, elles se rapprochent pour sauver la paix.

La paix, c'est la tranquillité d'esprit, la liberté et la sérénité qui doivent régner dans chaque homme.

La paix est une valeur universelle recherchée par tout le monde. Elle crée la stabilité dans un pays et appelle les investisseurs à y vivre et à contribuer à son développement, car il n'y a pas de bien-être social sans la paix. Elle est une exigence pour le vivre-ensemble.

La paix est un état d'esprit, un comportement qui crée le lien intime entre les peuples et les institutions d'un pays. La paix, c'est le fondement de tous les Etats démocratiques. L'homme qui prône la paix doit éviter les problèmes autour de lui. L'homme de paix regarde l'autre comme lui-même. La paix et l'amour sont des objectifs que tout homme doit atteindre.

Dommage, en politique il n'y a pas d'amour, il n'y a que les intérêts. Joseph, fils de Jacob, âgé de 30 ans, a été vendu par ses frères. Prisonnier en Egypte, il est devenu gouverneur de toute l'Egypte après Pharaon parce qu'il a aidé celui-ci à retrouver sa paix, suite à l'interprétation des deux songes qui le tourmentaient. L'Egypte et ses environs devenus forts ont vaincu la famine. On donna à Joseph le nom de Çophnat-Panéah (le sauveur).

La paix est à partager entre les hommes, car il est écrit : « Heureux ceux qui procurent la paix, car ils seront appelés fils de Dieu, » (Mt 5.9).

Dans un pays, l'artiste peut être aussi le messager de la paix, à travers un continent ou dans le monde à partir de ses chansons, ses œuvres d'art, les monuments, etc.

La chanson religieuse procure mystiquement la paix, c'est une thérapeutique. De même, la musique rassemble les hommes. Elle leur procure un état de paix, la joie de vivre.

Lorsque l'hymne national d'un pays est chanté à l'unisson, les peuples transcendent leurs querelles, leurs divisions et leur conflit. L'homme qui manque de paix dans son cœur est comme quelqu'un qui est dans une prison. Il doit tout faire pour y sortir.

Un enfant qui est né, a grandi, formé, et encadré dans un foyer ou une communauté pacifique, ne peut être qu'un artisan de paix, même si on ne le lui apprend pas.

Une nation qui priorise la paix est un exemple pour les autres nations, car elle est comme une lumière qui illumine la montagne. Un malade pour survivre sur le lit de l'hôpital a grandement besoin de paix.

Les gouvernants africains doivent maintenir la paix pour que les populations vaquent à leurs occupations. Les animaux qui vivent dans la forêt ou dans un parc ont besoin de paix pour croître.

Un homme d'Etat devrait être un homme de paix, unificateur, pacificateur, rassembleur qui travaille pour octroyer le bonheur au peuple. La paix est l'élément principal pour bâtir une nation. Ainsi, pour le défunt Omar Bongo Ondimba, président de la République gabonaise, la paix était l'horizon même de l'existence. Il déclarait aux Gabonais que : « Nous devons dormir dans la paix, nous réveiller dans la paix, vivre dans la paix, manger dans la paix ». La jeunesse africaine veut qu'on la lui garantisse pour assurer son avenir. Dans un foyer la paix se manifeste par l'amour et la joie entre les parents et les enfants, la famille et l'environnement.

Un ambassadeur de la paix est une personne qui consacre sa vie pour unir, pacifier et contribuer au développement d'une famille, d'une association, d'une ONG, d'une entreprise, d'un pays, d'une Nation, voire d'un continent.

David le roi d'Israël, choisi par Dieu, craignant l'Eternel, bénissait ses enfants en ces termes : « Que Dieu tourne son visage vers toi et te donne la paix ».

Après la sortie de l'arche, Noé, sa femme, ses fils, et les femmes de ses fils, tous les animaux qui étaient avec lui, tout ce qui était chair, oiseau, bétail et tout ce qui rampait sur terre, Dieu les bénit, leur dit d'être féconds et de se multiplier sur terre.

Dieu conclut son alliance de paix avec l'homme et tous les êtres vivants qui l'entouraient, par son arc dans la nuée, signe de la colombe apparaissant au ciel pour les générations à venir. (Gén. 8,15-19 ; 9,1-17).

Malgré les principes de démocratie qui limitent les mandats, un peuple peut, par consensus, permettre à un chef d'Etat qui travaille pour le bien de son peuple de gouverner un pays jusqu'à sa mort. Mieux encore si ce président a préparé son successeur capable de conduire le peuple à une destinée meilleure. En Afrique, Paul Biya au Cameroun, Edouardo Dos Santos en Angola perdurent au pouvoir sûrement pour cette raison.

Un candidat malheureux à l'élection présidentielle, qu'il soit le président sortant, un opposant ou un citoyen quelconque, homme de paix, doit témoigner sa grandeur d'âme en reconnaissant la victoire de l'heureux élu, car la paix appelle aussi la tolérance.

La paix et la sécurité constituent deux éléments moteurs de développement du continent. La paix rassemble toutes les églises. Cet effort devrait servir à l'unité et au développement de l'Afrique. Dieu est l'unique être éternel. Au nom de la paix mondiale, les moonistes intègrent aussi la voie de l'œcuménisme. Que cette unité nous procure la paix durable pour le bien de notre continent.

Que la paix inonde le cœur de tout homme.

Africains, soyons des artisans de paix.

Chapitre XIV

LES HOMMES DE DIEU DES EGLISES ŒCUMÉNIQUES AFRICAINES, ACTEURS DE LA PAIX CONTINENTALE ET MONDIALE

L'histoire des églises africaines de l'Afrique centrale, australe et anglicane nous enseigne que l'Eglise catholique avait gagné le continent à partir de Rome comme modératrice majeure. Pour l'unité des églises, celle qui est considérée comme la maison mère a tenu à s'unir avec d'autres églises en l'occurrence :

- protestante ;
- anglicane ;
- orthodoxe ;
- salutiste ;
- kimbanguiste.

L'Eglise catholique a tendu aussi la main aux autres églises de réveil. Aujourd'hui, les musulmans et les bouddhistes ont rejoint cette grande famille œcuménique.

Actuellement, l'œcuménisme en Afrique devient très fort à tel point que les autres ordres spirituels qui étaient cachés jadis commencent à faire surface clairement dans le monde. Nous pouvons citer le « Mahicari, l'Ekancar »[8], la franc-maçonnerie, le Rotary club, les "illuminatis", la Foi Bahi[9], le Vaudou, j'en oublie. Curieusement les organisations spirituelles créées par l'expansion de la

[8] Ce sont des ordres spirituels

[9] C'est aussi un ordre spirituel

lumière reconnaissent toutes un seul maître au nom de Jésus Christ de Nazareth qui reçoit divers attributs selon les peuples à savoir : Fils de David, Emmanuel, le rédempteur…

En effet, Jésus Christ est le Chemin, la Vérité et la Vie. Il est la résurrection et nul ne va au Père sans passer par lui ; il est la Lumière du monde : il a été, il est et il demeure d'éternité en éternité au cœur de la vie de toute créature divine.

Tout puissant, étant le dénominateur commun de toutes les églises, ordres et organisations spirituelles, il est le prince de la paix, l'unique modèle à suivre qui ne déçoit jamais en sa qualité de pacificateur, de rassembleur, d'unificateur.

Pour cela, les hommes de Dieu, ceux des églises œcuméniques africaines, au nom de la paix continentale et mondiale, doivent s'unir, s'accorder et témoigner au monde qu'ils sont capables de convertir l'humanité et de sortir le continent africain et même le monde de l'emprise du diable qui agite le monde actuel, tenant à l'orienter vers le mal et surtout vers l'Antéchrist. Ses actions s'opèrent à travers diverses manifestations telles que l'homosexualité, le lesbianisme, la pédophilie, la prostitution, la masturbation, le mari de nuit, le terrorisme, etc.

Le véritable homme de Dieu est capable de lutter pour mettre fin à tout cela, car l'enlèvement approche, alors qui restera et qui sera enlevé ?

Chant-poème 1

Refrain :

Seigneur, où va le monde ?
Où va ce monde qui marche sans Toi !
Partout éclatent les guerres
Partout sonnent les langages des armes
Ici et là ruisselle le sang,
La vie humaine n'a plus de valeur.

Liberté, un vain mot
Amour et paix, pures utopies
Seule prévaut la loi du plus fort
Et la terre jungle endiablée.

Au-delà de l'angoisse et de la peine,
Au-delà de nos inimitiés et divisions,
Seigneur te voilà pointer
Ta lumière, O Dieu
C'est le royaume qui nous est donné.

Chant-poème 2

Refrain :

Si tu fructifies le talent que je t'ai donné, tu m'es fidèle !

Si tu exploites le trésor que j'ai mis en toi, tu as ma joie et ma confiance !

Tu ne peux me servir, et fermer ton cœur aux appels de l'humanité !

Tu ne peux m'aimer et saboter ses besoins de croissance.

Tu n'es pas mon fidèle, toi qui te soustrais à ta vocation humaine, ne te crois pas être fils de la terre, toi qui tais sa misère.

Je ne t'ai pas limité, ni créé tout pauvre

Mon enfant, mon image,

Tu es créature aussi créateur,

Toi l'image de ton Père.

Chapitre XV
LE COLONIALISME, LE RACISME ET LA XENOPHOBIE EN AFRIQUE

En 1973, Joseph Désiré Mobutu, Président de la République du Zaïre, avait prononcé un discours à la tribune des Nations Unies. Ce discours demeure encore d'actualité. En voici un extrait : « J'ai parlé longuement de l'Afrique en dénonçant deux fléaux qui n'existent plus nulle part au monde, sauf dans ce continent : le colonialisme et le racisme. Nous ne pouvons plus accepter que, partout au monde, toutes les races soient libres, sauf la race noire d'Afrique,... » fin de citation.

Peuples africains, jusqu'à quand l'homme noir restera-t-il sous l'emprise de l'homme blanc ? Comment faire pour supprimer le colonialisme, le racisme et la xénophobie en Afrique?

Dieu le Créateur laisse parfois l'être humain jouir de son libre-arbitre. Nous devons commencer par combattre la xénophobie interafricaine avec la plus grande énergie, former l'unité de l'Afrique en acceptant le risque, car qui ne risque rien n'a rien. Patrice Emery LUMUMBA a risqué. Aujourd'hui, pour avoir défendu la cause juste, il est déclaré héros national voire africain. Nelson Mandela a eu le courage de lutter contre la ségrégation raciale avec tous les risques possibles jusqu'à réussir à sauver le peuple noir de l'Afrique du Sud de l'emprise du Blanc. Le gouvernement sud-africain, sous la présidence de Peter

Botta, a accordé aux Noirs d'Afrique du Sud leur libération, les faisant sortir de l'apartheid. Denis Sassou Nguesso, Président de la République du Congo, a lutté pour la libération de Nelson Mandela et pour l'indépendance de la Namibie.

Prenons notre courage pour écrire l'histoire que nous allons léguer à notre progéniture. Notre génération est certes sacrifiée, mais notre destin est entre nos mains.

Quelle réponse les Africains donneraient-ils au Créateur quand il demandera qu'avez-vous fait du continent que je vous ai donné ?

L'apartheid et autres mouvements ont été vaincus par des hommes qui ont lutté pour les causes justes.

Chapitre XVI
L'AFRICAIN PANAFRICANISTE A LA DECOUVERTE DE SES ORIGINES

Saint Augustin, grand philosophe et évêque de la ville d'Hippone, l'actuelle Algérie, dans son livre intitulé *Les confessions* a écrit: « je te cherchais au-dehors, alors que tu n'étais qu'au-dedans de moi-même, te voilà présent dans mon cœur ».

Bruce Lee, célèbre philosophe chinois, portant l'étendard des arts martiaux asiatiques, après tant de recherches disait à ses élèves que : « Chacun est sur la terre à la découverte de soi et de sa vie avec les autres ; nous sommes une diversité de langues et de races, mais nous avons les mêmes âmes ».

Et toi qui te proclames panafricaniste africain, connais-tu tes origines ? Combien de pays d'Afrique as-tu visités? Combien de races et civilisations as-tu découvertes? As-tu vécu avec les autres nationalités ? Es-tu réellement "autochtone" de ton soi-disant pays d'origine ? Si oui comment le sais-tu ? Autant de questions que nous devons nous poser pour nous découvrir.

Africains, par rapport à qui vous sentez-vous étrangers en Afrique ? Nos ancêtres ont écrit et raconté que les Noirs étaient déportés par le fait de la traite des Noirs. Les Américains noirs n'ont jamais ignoré leurs origines africaines. Kunta Kinté a légué à sa descendance un esprit, celui de ne jamais oublier ses origines mandingues. Les Haïtiens d'Amérique du Sud réclament de plus en plus leur intégration dans l'Union africaine parce que d'origine africaine. Malheureusement, les Africains doutent des autres quand ils sont confrontés aux problèmes d'immigration.

Si les Africains s'aimaient réellement entre eux, aucun problème ne se poserait dans l'accueil des leurs. Tout Africain imbu de l'hospitalité pouvait accueillir des immigrés. C'est inconcevable que l'esprit de xénophobie et de haine domine encore les Africains d'un même continent ayant des frontières et lois spécifiques.

Comment découvrir alors ses origines ?

Il est peu ou prou difficile de démontrer les origines des autorités. Ils ont la liberté d'adopter la nationalité de leur choix. Seulement, certains sont restés dignes d'eux-mêmes en déclarant officiellement leurs origines sans trafiquer leurs actes de naissance. Nous pouvons relever des exemples suivants : Les Etats-Unis, sont aujourd'hui dirigés par Barack Obama, un Noir américain d'origine africaine, puisqu'il est né au Kenya. En Afrique, Alassan Ouatara, Président de la Côte d'Ivoire est d'origine Burkinabé, le feu Président Houphouet Bouagni était ivoirien, d'origine ghanéenne ; les feux Présidents Barthélémie Boganda, David Dako, Jean Bedel Bokassa, André Kolingba, centrafricains étaient originaires de la RDC et du Soudan, Madame Catherine Samba Panza l'ex-présidente de la transition centrafricaine trouve aussi ses origines au Cameroun et au Tchad.

A l'Equateur, une des provinces de la RDC, précisément à Mbandaka, vivait un ancêtre qui s'appelait Mongo et qui avait engendré beaucoup d'enfants. Chaque enfant a émigré dans quatre pays et y a formé sa tribu. Les enfants issus de celle-ci s'appellent les "Ana Mongo" c'est-à-dire, enfants de Mongo ou les Mongo.

A la province du Bandundu sont installés : les Basenguelé, les Bashilelé, les Bolia, les Ntomba, les Bawongo (tribu de l'actuel président de l'Assemblée nationale de la RDC Obin Minakou), les Ekonda, les Bangolé, vers Inongo et Oshwé.

Au Kasaï occidental sont installés les Bashilélé, les Dekessé, les Bakuba.

Au Kasaï oriental sont installés les Batétéla, vers le Sankuru.

A la province orientale sont installés les Topoké (qui ont élevé l'actuel Président du sénat de la République démocratique du Congo, Monsieur Kengo Wadondo, les Lokelés, enfants de la fille Mongo avec un Mbuza de l'Equateur, les Bambolé, les Bangando (Mingondo).

Au Maniema, nous avons les Bakusu à Kibombo et Maléla, les Bangengelé à Kailo, les Balanga.

Au Sud Kivu, nous avons les Babembé, une partie des Bakusu à Walikalé, vers Goma.

Au Bas-Congo, nous avons les Balanga, tribu de la première dame Olive Lembé Kabila.

Au Katanga : il y a les Banya Lubunda. Un enfant traverse le fleuve, arrive au Congo-Brazzaville et va engendrer les Mbochis, les Mossaka, les Makoua, les Babembé. Les tribus citées sont aussi des descendants de Mongo. Ils sont tous serviables et virils sur le plan sexuel.

Un enfant s'était installé au Cameroun et avait formé la tribu appelée Mbetsi, un autre s'installa au Gabon. Les Bazombo de la République démocratique du Congo proviennent de l'Angola. Les Ngbakamabo, Monzombo, Sango et les Ngbandi ont leur partie dans la province orientale dans la tribu Ngbandi d'Isiro Niangara, les

Bawuwu, les Bangbetou, les Bayogo tous provenant du Soudan s'installèrent en République démocratique du Congo, en République Centrafricaine et en République du Congo. Les Bamiléké proviennent de l'Egypte. Ils étaient passés par le Soudan pour s'installer au Cameroun, précisément à Douala et à Yaoundé.

Le peuple Ngbakamabo (Mabo) est d'origine soudanaise. Il a émigré jusqu'en République centrafricaine en passant par la province orientale de la République démocratique du Congo. Arrivé en République centrafricaine, il s'installa à Bombangui, actuel Berengo et devient un grand peuple. Il s'installa aussi dans d'autres villes de la République centrafricaine comme Mongounba, Zinga, ex-batanga français). De ce peuple sortirent trois présidents de la République, entre autres : Barthelemy Boganda, Jean Bedel Bokassa 1er et David Dako.

Une partie de ce peuple ayant traversé de l'autre côté du fleuve Congo, précisément la rivière Oubangi formera aussi une très grande population. Voici les noms des ancêtres qui formèrent le peuple Ngbaka Mabo de l'autre rive de la République démocratique du Congo vers le Sud Oubangui : Vo, Bokamba (Bgamba), Gbadongo et Ligegé.

L'ancêtre Ligegé qui aimait vivre au bord de la rivière Oubangui près d'une grosse pierre dont il se servait pour tailler ses couteaux et machettes. Il rencontra un jour l'homme blanc colonisateur qui, à partir de son nom, bâtit la ville de Libenge.

De la descendance de Bokamba vers 1800 naquit un roi du nom de Mungo Gabriel qui avait épousé trente-six (36) femmes et engendré quatre-vingt-sept enfants avec plusieurs descendances. Ce roi avait bâti sa concession sous forme de camp des Cowboys ou de la cité de Jérusalem à Libenge-Kete. Après sa mort, l'espace de sa tombe est devenu un cimetière familial de sa descendance à 5 km de Libenge

Boduko, à quelques kilomètres de Libenge-Kete vivait un autre roi du nom de Kpemomba qui avait aussi engendré plusieurs enfants. Le roi Mungo épousa une des filles du roi Kpemonba, la princesse Tendagba Marie, qui lui donna trois enfants parmi lesquels le prince Pierre Yahuma Kamungo Malembe.

Une autre princesse nommée Sukula épousa un homme du nom de Dokpé avec qui ils eurent aussi trois enfants parmi lesquels Alfred Nzondomyo A Dokpé Lingo ex-président du conseil législatif au temps du feu Président Mobutu Sese Seko.

Les Ngbakalandji sont des Ngbakamabo de la République centrafricaine vivant en République démocratique du Congo. Ce peuple Ngbakamabo se retrouve actuellement dans plusieurs pays d'Afrique entre autres le Congo-Brazzaville, le Togo, la Côte d'Ivoire, le Cameroun, le Tchad.

C'est un peuple autonome. Ses aliments préférés sont la banane plantain, le taro, le Makabo[10] (l'igname), la viande de chasse, le poisson d'eau douce, "le bilolo et le kakalende"[11], le pondu[12] préparé de plusieurs façons. C'est un peuple guerrier, chasseur, cultivateur, riverain. Le peuple Ngbakamabo est très intelligent et très ouvert. Il aime partager et ne tolère pas de voir la souffrance de l'autre. L'homme polygame de sang. Il est parfois confondu au peuple Monzombo qui parle presque la même langue : le Mabo.

---

[10]Makabo[10] : l'igname.

[11] Le bilolo et le kakalende : Ce sont des légumes un peu amers.

[12] Le pondu : feuilles de manioc.

Le peuple Enyélé, de la tribu Bonzaka et Bongolo, n'était qu'un seul peuple vivant en République démocratique du Congo. Un jour, il s'est décidé de traverser pour aller vivre de l'autre côté de la rive, en République du Congo. Les ancêtres Enyélés étaient montés sur les dos des crocodiles pour leur traversée. Installés au Congo, ils prirent le nom d'Enyélé et la partie restante en République démocratique du Congo prit le nom d'Enyélentanda. Henri-Djonbo, ministre d'Etat, chargé de l'Agriculture et de la Pêche, membre du gouvernement du Congo-Brazzaville, est d'origine enyéléntanda.

Il faut retenir que la rivière Ubanguia a rendu un grand service dans la traversée de la République démocratique du Congo vers la République du Congo les peuples vivants à Bétou, Mokinda, Lanza, Boyele, Ibenga, Dongou, Impfondo, Mombenzele, Nzondo, Liranga pour s'y installer ; tout comme le fleuve Congo a servi aussi les peuples de Mossaka, Mpouya, Ngabe, Kounzoulou, Edouani, Maloukou, (Brazzaville du côté nord). De part et d'autre, on est toujours chez soi. Tout comme la plupart des habitants de la Sangha, vers Ouesso, tirent leurs origines du Cameroun.

En République du Congo, la Likouala trouve presque son origine en République démocratique du Congo.

Les Bamoyi et les Balobo du même département trouvent aussi leurs origines en République du Congo. Le Monzombo de Bétou, Izato, Ikomba dans la Likouala, de Ouesso dans la Sangha en République du Congo, de Mongomba en République centrafricaine et ceux de Mbondo et Idamu à Libenge en République démocratique du Congo, forment un même peuple parlant la même langue et qui trouvent leur origine en République démocratique du Congo et au soudan.

De même les Bayombe, les Bakongo, les Manyanga, les Besi-Ngombe, les Vili du royaume Loango qui constituent une grande partie du sud de la République du Congo trouvent aussi leur origine en République démocratique du Congo et en Angola.

Les Ngangoulou du nord du Congo-Brazzaville et les Baluba du Kassaï de la République démocratique du Congo sont presque un même peuple avec les mêmes caractéristiques. Ce qui témoigne que les Congolais de Brazzaville et ceux de Kinshasa constituent un même peuple. Ce sont les explorateurs Henri Morton Stanley et Pierre Savorgnan de Brazza qui ont séparé ces peuples des deux rives.

Les Bayaka ou Yaka de la province du Bandundu proviennent de l'union d'une reine du royaume Lunda du Katanga et d'un homme du Bandundu, tous deux citoyens de la République démocratique du Congo. C'est pourquoi chez les Bayaka on trouve aussi des noms tels que Mutombo, Kassongo, Kabongo… on trouve aussi d'autres Yaka au sud de la République du Congo.

La langue Sango parlée en République centrafricaine trouve son origine dans la langue Ngbandi, langue parlée en République démocratique du Congo dans la province du Nord Ubangui précisément à Gbadolité, Yakoma, Mobayi Mbongo… et les peuples Sango sont installés en République centrafricaine dans tous les départements ainsi qu'au bord de la rivière Ubangui, à Libenge.

Installés en République du Congo, les Nzabi de Dolisie proviennent du Gabon.

Les Batéké se trouvent en République démocratique du Congo, au Congo-Brazzaville, au Gabon et au Cameroun. Les Lari proviennent du mélange des Bateké du centre et les Bakongo du sud de la République du Congo.

Les peuples Tutsi rwandais proviennent de l'Ethiopie. Ils ont longé le Nil en passant par l'Afrique du Sud, l'Ouganda, la Tanzanie, la République démocratique du Congo, le Burundi. Ils parlent le Swahili et le Kinyarwanda.

La langue Swahili est parlée en République démocratique du Congo, au Rwanda, en Zambie, en Guinée, au Burundi, en Tanzanie, en Ouganda, etc.

Les Tchokwe ont établi leur royaume en République démocratique du Congo, et sont aussi en Angola, en Zambie et en Namibie. Ce royaume a aussi des princes et princesses.

Les peuls sont sans doute près de trente millions en Afrique. Leur provenance sème des questionnements. Les ancêtres des foulbés ont-ils initialement migré depuis la basse Mésopotamie, voire de l'Asie centrale ? Sont-ils issus de l'Egypte ancienne, ou descendent-ils plutôt de tribus berbères syro-libyennes ? La seule certitude est que ce peuple anciennement métissé, venu du levant, a traversé le continent jusqu'à l'Afrique de l'ouest par vagues successives. Au cours des siècles, les rameaux issus de ce tronc commun y ont fondé différents empires ou royaumes.

On désigne la langue parlée par les Peuls sous deux termes : « Pulaar » à l'ouest, « Fulfuldé » à l'est. On y trouve les Malinké, les Bambara, les Wolof, les Haoussa, etc.

Le bétail est une richesse qui peut être déplacée au gré des aléas climatiques ou historiques de ce peuple qui fait de certains d'entre eux des éleveurs-commerçants.

La femme a traditionnellement une place importante chez les Peuls. Ils ne sont pas tous clairs de peau et n'ont pas tous les nez aquilins. Ils sont éparpillés dans plus ou moins vingt-cinq pays d'Afrique à savoir : 1. La Guinée-

Conakry. 2. La Guinée-Bissau. 3. La Sierra-Léone. 4. Le Mali. 5 .Le Sénégal. 6. La Mauritanie. 7. Le Niger. 8. Le Burkina-Faso. 9. Le Tchad. 10. Le Cameroun. 11. Le Nigeria. 12. La RCA. 13. L'Ethiopie. 14. La Somalie. 15. Le Soudan. 16. Le Kenya. 17. La Tanzanie. 18. L'est de la RDC. 19. Le Rwanda. 20. Le Bénin. 21. Le Togo. 22. Le Ghana. 23. La Côte-d'Ivoire. 24. Le Libéria. 25. La Gambie,

Le terme "Mbororo" provient de la race peule ainsi que des Tutsi rwandais. Les intellectuels et cadres peuls ont depuis les indépendances connu des fortunes diverses, de la persécution ouverte en Guinée sous Sékou Touré, en Mauritanie au début des années 1990, au Cameroun en 1984 à la présidence de la République. Trois anciens chefs d'Etat Buhari, Shagari, Yar Adua (Nigeria), Amadou Ahidjo (Cameroun), Amadou Toumani Touré (Mali) et Thomas Sankara (Burkina Fasso) ont ou avaient des racines peules. Aujourd'hui, les présidents sénégalais, Macky Sall, et Bissau guinéen, Serifo Nhamadjo, le 1er secrétaire de l'UA Monsieur Diallo Telly de la Guinée Conakry, le président nouvellement élu au Nigéria monsieur Mohamed Buhari (Bari), le président Paul Kagamé du Rwanda, monsieur Bosco Taganda, chef rebelle à l'Est de la République démocratique du Congo, monsieur Bapalade, chef rebelle de la République centrafricaine, sont des Peuls même si ces derniers n'en font guère mention. Les noms spécifiquement peuls sont relativement peu nombreux : Ba, Barry, Diallo, Ka, Sow etc. Les patronymes se sont par la suite diversifiés au gré du métissage avec les autres ethnies. Dans ce peuple, seuls les cousins et cousines se marient au sein du même clan pour consacrer l'homogénéité du sang et du rang, et pour éviter aussi la dispersion du troupeau ou de leurs biens.

Etant des éleveurs, la vache occupe chez eux une place quasi mythologique, et en posséder confère en tout cas un certain prestige social. Le peuple peul bien que musulman a engendré Amadou Hampaté Bâ, le plus célèbre des écrivains francophones, qui avait déclaré à la tribune de l'Unesco: « En Afrique, quand un vieillard meurt, c'est toute une bibliothèque qui brûle… »

Chapitre XVII

L'UNION AFRICAINE FACE AU PROBLEME MIGRATOIRE ET AU TERRORISME EN AFRIQUE

Tout homme sur la terre est libre de vivre dans la mesure du possible à un endroit de son gré où il trouve son épanouissement. II peut se déplacer de son pays vers un autre pour sa survie en fonction de ses aptitudes ou de sa spécialité. Dans ce milieu d'accueil, qui est sa seconde patrie, il doit se conformer aux normes juridiques qui le régissent et se faire connaître aux autorités compétentes.

S'il se sent mieux dans ce pays d'accueil, il peut s'y installer et y vivre en tant qu'émigré jusqu'à former une famille s'il le veut. Au contraire, il sera considéré comme un touriste. Il y a aussi un cas délicat à gérer, celui des immigrants ou des migrants qui se déplacent en groupe ou en masse, d'un pays à un autre pour s'y établir, sans l'influence des facteurs économiques ou politiques.

L'Union africaine doit insérer dans l'Agenda 2063 des accords à faire adopter aux Etats formant des sous-régions pour que, une fois signés, ces accords soient respectés pour la sécurité des émigrés, des immigrés et des migrants.

Mais pourquoi le terrorisme en Afrique ? Le terrorisme peut être défini comme l'ensemble d'actes de violence commis par une organisation pour créer un climat d'insécurité dans un pays donné ou pour renverser le gouvernement établi de ce pays ou régime de violence institué par un gouvernement. Ce fléau qui, de plus en plus, dérange la quiétude des grands Etats occidentaux commence à s'enraciner dans des pays d'Afrique entre autres la Libye, le Nigeria, le Cameroun, le Niger, le Tchad, etc.

L'Union africaine, instance continentale, doit mettre à nu ceux qui sont derrière les Boko Haram[13]. Qu'est-ce que les Boko Haram veulent au juste pour déstabiliser les pays africains ? Comment mettre fin à cette barbarie, sans réelles causes ?

Vu que les Boko Haram ne s'attaquent qu'aux églises, mosquées et écoles, faut-il des sacrifices, des jeûnes et des prières pour arrêter cette pratique déraisonnable ?

L'organisation non gouvernementale de développement dit « Communauté africaine de soutien à l'Union africaine, CASUA-ONGD dit non à ce mouvement maléfique des Boko Haram.

---

[13]Boko Haram : Mouvement terroriste qui est contre l'éduction occidentale.

Conclusion

Peuple africain, panafricaniste, où que vous vous retrouviez, mettez-vous debout et prenez conscience de vos identités culturelles, et de vos origines.

L'Afrique doit s'afficher au monde parce qu'elle possède des mains valides et d'incommensurables richesses naturelles. Les hommes et femmes capables doivent poser des actions sociales de développement. Celles-ci seront appuyées par les chefs d'Etats membres de l'UA.

Ainsi, la lutte pour le développement durable du continent dans tous les secteurs devrait préoccuper tout Africain.

L'amour, l'unité et la paix doivent servir de soubassements pour le progrès socioéconomique, culturel et politique du continent africain. Il est temps pour dire non à tout ce qui entrave l'évolution : la xénophobie, le racisme. Aux Africains d'apprendre à se connaître pour mieux affronter les défis mondiaux. Où que vous vous trouviez, soyez chez vous puisqu'Africain. Vive alors l'Afrique aux Africains.

Que le Créateur de l'univers et du monde ouvre toutes les voies à ses créatures africaines pour que l'Afrique unie dirige un jour le monde.

Bibliographie

Ouvrage général :

Petit Larousse illustré, Paris, Larousse, 1997.

Ouvrage spécialisé :

Emile GANKAMA, *OUA/UA : Les deux mandats de Denis SASSOU NGUESSO*, L'Harmattan, Paris, 2013, p. 7.51-61.

Autre document :

Maurice ENGUÉLÉNGUÉLÉ, *L'Agenda 2063 de l'UA, IAG,* Dakar; p.14-16.

Webographie :

-W.W.W. UA.org
-W.W.W. wango.com

ANNEXES

1- Logo C.AS.U.A-O.N.G.D

2 - Drapeau de C.A.S.U.A-O.N.G.D

3 - Photos

Prof. Monulphe Marie Nerée MADOPO YAHUMA NZONDOMYO, président fondateur principal et coordonnateur de CASUA-ONGD.

Abbé Didier René IYUNGU ILEWA, premier vice-président, chargé des affaires extérieures, mobilisation et implantation, co-fondateur de CASUA.

Les représentants, membres des communautés africaines basées à Brazzaville au cours de la journée d'ouverture de CASUA-ONGD, le 15 juin 2013.

Le président Coordonnateur de CASUA-ONGD répondant aux questions des journalistes après sa conférence dans la grande salle des conférences de la mairie centrale de Brazzaville, le 15 juin 2013.

Le Président Monulphe Marie Nerée MADOPO à une conférence tenue le 14 mars 2013 à la Mairie de Poto-Poto, au cours d'une fête de la journée internationale de la femme avec la conseillère du Ministre de la Femme et Mme Anne Marie DADDY ESSOLOMOUA.

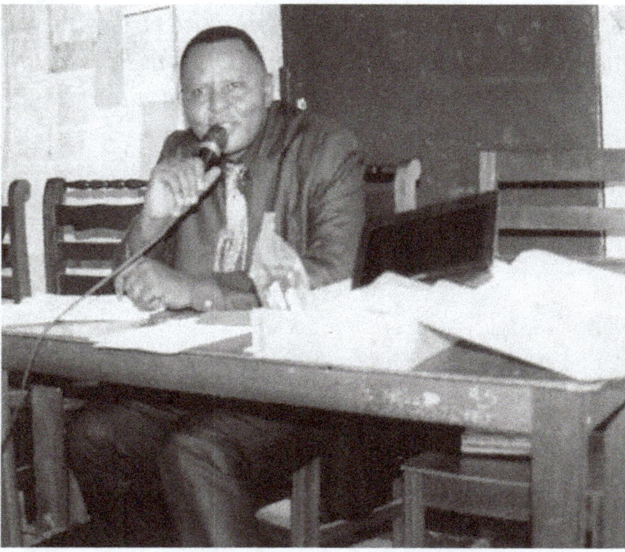

Le Prof. Monulphe Marie Nerée MADOPO animant une journée culturelle et scientifique à l'Institut CEREC-ISCOM.

Le président Monulphe Marie Nerée Madopo Yahuma Nzondomyo animant une conférence avec la 5ème vice-présidente, chargée du genre et de la promotion de la femme africaine au développement et des affaires sociales et humanitaires de CASUA-ONGD Mme Pongault née Anne Marie Daddy Essolomoua.

Le Prof. Monulphe Marie Nerée Madopo Yahuma Nzondomyo, au cours de la journée culturelle et scientifique marquant la sortie de CASUA-ONGD et les 50 ans de l'OUA/UA, dans la grande salle de conférence de la mairie centrale de Brazzaville avec les autres conférenciers.

Le président coordonnateur de CASUA-ONGD avec l'Ambassadeur de la R.D.C au Congo-Brazzaville, Christophe Muzungu (photo souvenir).

Table des matières

Préface 7

Introduction 11

Chapitre I - L'AFRIQUE, BERCEAU DE L'HUMANITE.....15

Chapitre II - DE L'ORGANISATION DE L'UNITE AFRICAINE (O.U.A) A L'UNION AFRICAINE (U.A) 23

- INSTITUTION 24

1) La conférence de l'Union africaine 24

a) Fonctionnement 24

b) Pouvoir de la conférence 25

2) La commission de l'Union africaine 26

3) Le Parlement panafricain..27

4) La Cour africaine des droits de l'Homme et des peuples..27

5) Paix, sécurité et stabilité 27

6) Economie et finances..27

7) Les symboles de l'Union africaine.......................................28

a) Emblème de l'Union africaine 28

b) Logo de l'UA 28

c) Signification 28

d) Drapeau de l'Union africaine..29

8) Hymne africain 30

9) Rayonnement international...31

10) Présidents en exercice depuis 2002 31

11) Les Etats membres de l'Union africaine 32

Chapitre III - LA COMMUNAUTE AFRICAINE DE SOUTIEN A L'UNION AFRICAINE (CASUA-ONGD) 35

1- Devise, emblème, durée, champ d'action............................36

2 - Objectifs et stratégies 36

a) Objectif général 36

b) Objectifs spécifiques...37

c) Stratégies 37

3. Membres 38

a) Adhésion..38

b) Catégorie 38

c) Exclusion 38

4. Organes de gestion 39

a) L'Assemblée générale (A.G)...39

b) Le Conseil d'administration (C.A).......................................39

c) Le Bureau de coordination (B.C) 40

d) Ressources et partenariat..42

Chapitre IV - LA PROBLEMATIQUE DU CONTINENT AFRICAIN, LA PART DE L'AFRIQUE DANS LE COMMERCE MONDIAL 45

Chapitre V - COMMENT DEVELOPPER ECONOMIQUEMENT LE CONTINENT AFRICAIN ?.......47

Chapitre VI - LA CRISE DE LEADERSHIP, HANDICAP PRIMORDIAL DU DEVELOPPEMENT DU CONTINENT AFRICAIN 51

Chapitre VII - L'INTEGRATION REGIONALE ET SOUS-REGIONALE POUR L'UNITE ET LE DEVELOPPEMENT DU CONTINENT AFRICAIN 53

Chapitre VIII - LA JEUNESSE AFRICAINE, L'ESPOIR DU CONTINENT ET DU MONDE 55

Chapitre IX - LA FEMME AFRICAINE ACTRICE DU DEVELOPPEMENT CONTINENTAL 57

Chapitre X - LE SIDA, UN DANGER PERMANENT POUR LE CONTINENT AFRICAIN 61

Chapitre XI - L'AVANTAGE ET L'INCONVENIENT DU MARIAGE INTERAFRICAIN 63

Chapitre XIII - PAIX ET SECURITE, DEUX ELEMENTS MOTEURS DU DEVELOPPEMENT DU CONTINENT AFRICAIN 65

Chapitre XIV - LES HOMMES DE DIEU DES EGLISES ŒCUMÉNIQUES AFRICAINES, ACTEURS DE LA PAIX CONTINENTALE ET MONDIALE 71

Chapitre XV - LE COLONIALISME, LE RACISME ET LA XENOPHOBIE EN AFRIQUE 75

Chapitre XVI - L'AFRICAIN PANAFRICANISTE A LA DECOUVERTE DE SES ORIGINES 77

Comment découvrir alors ses origines ? 78

Chapitre XVII - L'UNION AFRICAINE FACE AU PROBLEME MIGRATOIRE ET AU TERRORISME EN AFRIQUE 87

Conclusion 89

Bibliographie 91

ANNEXES 93

1- Logo C.AS.U.A-O.N.G.D 93

2 - Drapeau de C.A.S.U.A-O.N.G.D 93

3 - Photos 94

L'AFRIQUE

AUX ÉDITIONS L'HARMATTAN

Dernières parutions

FAMILLE ET POLITIQUE EN AFRIQUE
Entre le meilleur et le pire
Sané Ibou, Angoula Jean-Claude - Préface de Boubacar Ly
Depuis plusieurs décennies, certains États d'Afrique ne connaissent que des dirigeants issus d'une même famille biologique. Enjeu essentiel du développement des pays au sud du Sahara, le pouvoir politique peut être désormais interprété selon les successions dynastiques et le phénomène des cénacles familiaux. Cette étude ne se limite pas seulement aux frontières de l'Afrique. Elle porte sur les réformes pour pacifier les relations sociales et éviter la disparition de nombreuses familles pauvres au profit de quelques familles riches.
(Coll. Études africaines, 25.00 euros, 236 p.)
ISBN : 978-2-343-09330-7, ISBN EBOOK : 978-2-14-001615-8

LE DÉVELOPPEMENT INTÉGRÉ DE L'AFRIQUE PAR LES BASSINS FLUVIAUX
Cas des bassins du Congo et du Nil
Lukunda Vakala-Mfumu Richard - Préface de Benjamin Mulamba Mbuyi
La mise en valeur rationnelle d'importants cours d'eau dont dispose l'Afrique pourrait permettre à ce continent, à travers la diversification des usages de l'eau et la coopération internationale, d'accéder à une intégration socio-économique. Pour ce faire, les bassins des fleuves Nil et Congo devraient être mis à contribution pour la réalisation de cet objectif : une Union panafricaine des bassins fluviaux.
(Coll. Notes de cours, 29.00 euros, 270 p.)
ISBN : 978-2-343-09477-9, ISBN EBOOK : 978-2-14-001397-3

DÉBAT THÉOLOGIQUE ET RELIGIEUX
Cahiers de l'IREA IV
Ce numéro consacré au débat théologique et religieux rassemble plusieurs articles : anthropologie religieuse de l'expérience populaire ; l'impact du Concile Vatican II sur les développements de l'ecclésiologie et la communication de la foi en Afrique ; l'en-soi et le pour-nous de l'évènement résurrectionnel, les messages prophétiques entre effervescence religieuse et manipulation politique en Côte-d'Ivoire ; l'endogamie dans les Églises du réveil ; Boko Haram et crise sécuritaire au Nigeria et au Cameroun ; Crise identitaire et fanatisme religieux au Cameroun.
(Coll. Cahiers de l'IREA, 22.50 euros, 218 p.)
ISBN : 978-2-343-09752-7, ISBN EBOOK : 978-2-14-001567-0

DÉMOCRATISATION ET RELIGION EN AFRIQUE NOIRE
L'émergence de la gouvernance de ré-enchantement
Zognong Dieudonné
L'effervescence religieuse actuelle du continent sous-développé donne plus à penser qu'à prier. Car ce ré-enchantement du monde repose plutôt sur l'exégèse théologico-politique, dont on sait le bilan historique, inquiétant et belliqueux. D'où le présent essai de décryptage philosophique de la flambée du « désir de Dieu » dans l'Afrique afro-pentecôtiste. Apportant la philosophie de la piété aux études africaines, ce livre inaugure par ailleurs un nouveau champ, la sociologie africaine des spiritualités hermétistes.
(20.00 euros, 188 p.)
ISBN : 978-2-343-06619-6, ISBN EBOOK : 978-2-14-001416-1

LA CRÉATION DES ORGANISMES INTERNATIONAUX ET COMMUNAUTAIRES EN ZONE CEMAC
L'exemple du Comité inter-États des pesticides d'Afrique Centrale (CPAC)
Bouato Benoît B.
Préface de Joseph Vincent Ntuda Ebodé / Postface de Charles Binam Bikoi
L'auteur de cet ouvrage a eu envie de raconter l'histoire d'un organisme qu'il a vu naître, et partager son expérience, à sa manière et selon ses sentiments. Ici il est démontré comment le Comité inter-Etats des pesticides d'Afrique Centrale est parti d'une petite association d'experts phytosanitaires pour devenir un organisme intergouvernemental. Beaucoup d'institutions ne naissent pas spontanément telles qu'on les voit. Mais retrouve-t-on les traces de leur naissance ?
(Harmattan Cameroun, 24.00 euros, 226 p.)
ISBN : 978-2-343-09341-3, ISBN EBOOK : 978-2-14-001403-1

LA FORCE AFRICAINE EN ATTENTE (FAA)
Quelle opérationnalité ?
Nzaou Elton Paul
La Force africaine en attente (FAA), force de maintien de la paix agissant sous la direction de l'Union africaine, fut déclarée totalement opérationnelle en janvier 2016. L'auteur, expert en opérations de maintien de la paix, a suivi pendant dix ans le processus d'opérationnalisation de cette Force. Il en tire ici les premières conclusions, positives et négatives, avant de développer ses propres propositions et recommandations.
(Coll. Études africaines, 29.00 euros, 332 p.)
ISBN : 978-2-343-09179-2, ISBN EBOOK : 978-2-14-001318-8

LES DÉFIS DE LA RECHERCHE EN AFRIQUE
Perspectives et enjeux
Bobongaud Stève Gaston
Ce livre procède à une prospection générale de la réalité que représente la recherche, ainsi qu'à sa détermination épistémologique en contexte africain. Le soubassement théorique des investigations est constitué par le milieu universitaire, qui assure une part centrale de la recherche en contexte continental.
(Harmattan Cameroun, 16.50 euros, 148 p.)
ISBN : 978-2-343-09546-2, ISBN EBOOK : 978-2-14-001393-5

LES DÉFIS DE LA POLITIQUE DE RÉGÉNÉRATION ET D'AMÉNAGEMENT FORESTIERS AU CAMEROUN

Eloundou André Jules

C'est au cours de la décennie 1990 que le Cameroun a véritablement impulsé une réelle politique de régénération et d'aménagement forestiers. Pour relever les défis inhérents à un tel engagement, le Cameroun a pris l'option de la décentralisation de la gestion du patrimoine forestier à travers la création des forêts communales et communautaires. Le pays bénéficie du soutien des partenaires étrangers. Toutefois, la coopération internationale impose également sa part de conditionnalités.

(Harmattan Cameroun, 21.50 euros, 204 p.)

ISBN : 978-2-343-09376-5, ISBN EBOOK : 978-2-14-001456-7

L'AFRIQUE ET LES MÉCANISMES UNIVERSELS DE JUSTICE PÉNALE INTERNATIONALE

Azé Kerté Amoulgam

Quelles sont les motivations profondes qui poussent les États africains à vouloir se retirer des mécanismes de justice et quelles sont les solutions palliatives envisagées ? Tel est le questionnement qui a conduit à cette étude et a permis de déterminer les facteurs manifestes et latents à l'origine du retrait progressif de ces États de la CPI et leur soulèvement collectif contre l'application du principe de compétence universelle, et à analyser les solutions de substitution qu'ils proposent.

(Harmattan Cameroun, 14.50 euros, 130 p.)

ISBN : 978-2-343-09445-8, ISBN EBOOK : 978-2-14-001382-9

AGROÉCOLOGIE ET GESTION DURABLE DES SOLS EN AFRIQUE SOUDANO-SAHÉLIENNE

Hinimbio Taïda Pierre - Préface de Noé Woïn

La baisse de la fertilité des sols, le surpâturage, les feux de végétation et la déforestation font partie de la liste des fléaux qui affligent la terre agropastorale en Afrique soudano-sahélienne. Pour inverser cette tendance de dégradation, des techniques en agroécologie sont préconisées, en l'occurrence les aménagements antiérosifs, les systèmes agroforestiers et de culture sur couverture végétale, l'objectif ultime étant une meilleure gestion des sols pour une productivité agricole satisfaisante, durable et respectueuse de l'environnement.

(Harmattan Cameroun, 23.50 euros, 222 p.)

ISBN : 978-2-343-08774-0, ISBN EBOOK : 978-2-14-001370-6

NOËL BALLAY, L'AFRICAIN

Avec et sans Brazza

Delanoue Lydie

Si les biographies de Pierre Savorgnan de Brazza sont légion, il n'en existait aucune de Noël Ballay, qui, à la fin de sa vie, gouvernait l'Afrique Occidentale Française après plusieurs expéditions en Afrique et au Congo. Il convenait de réparer cet oubli en montrant l'importance de son rôle dans la formation du second Empire colonial français.

(Coll. Biographies, 38.00 euros, 456 p.)

ISBN : 978-2-343-09468-7, ISBN EBOOK : 978-2-14-001351-5

L'AFRIQUE D'AUJOURD'HUI
Paroles d'Africains
Audoynaud André
L'Afrique va mal... Et, parce que l'actualité ne cesse de déciller nos yeux, il faut aujourd'hui déconstruire le mythe d'une Afrique qui va bien. Dès lors, qui, mieux que les Africains eux-mêmes, peut légitimement et justement parler de l'Afrique ? Ce livre leur permet d'occuper tout l'espace de l'opinion pour que leur clairvoyance soit mise au service de notre réflexion.
(39.00 euros, 438 p.)
ISBN : 978-2-343-07845-8, ISBN EBOOK : 978-2-336-39874-7

GOUVERNANCE D'ENTREPRISE EN AFRIQUE
Guide de l'administrateur et du directeur général
Traore Bakari
La gouvernance d'entreprise est devenue une nécessité pour garantir la durabilité des entreprises. En Afrique, et particulièrement dans l'espace OHADA, de nombreuses entreprises ne pratiquent pas encore la gouvernance. On note cependant un intérêt croissant des entreprises pour une démarche éthique et la responsabilité sociétale qui constituent des facteurs indispensables pour asseoir la bonne réputation de l'entreprise et lui donner un accès durable à des marchés, à des sources de financement, à des sites d'exploitation.
(Coll. Études africaines, 26.50 euros, 250 p.)
ISBN : 978-2-343-06335-5, ISBN EBOOK : 978-2-336-39904-1

L'ISLAM AFRICAIN FACE À LA SHARIA ORIENTALE
Penseurs et islamologues
Diagne Pathé
Dès ses origines, l'islam africain s'est constitué en toute liberté, en relisant et en interprétant le Coran avec ses guides religieux préislamiques convertis. Il s'est tôt forgé historiquement, en ses propres termes, dans l'espace subsaharien et ses empires souverains. Il a pu le faire en toute indépendance jusqu'à l'époque des conquêtes coloniales européennes et des Jihaad du XIXe siècle. Il a pris contenu, forme et spécificité, eu égard aux traditions monothéistes très anciennes dont il héritait sur le terrain.
(Coédition Sankoré, 34.00 euros, 390 p.)
ISBN : 978-2-343-07301-9, ISBN EBOOK : 978-2-336-39791-7

L'HARMATTAN ITALIA
Via Degli Artisti 15; 10124 Torino
harmattan.italia@gmail.com

L'HARMATTAN HONGRIE
Könyvesbolt ; Kossuth L. u. 14-16
1053 Budapest

L'HARMATTAN KINSHASA
185, avenue Nyangwe
Commune de Lingwala
Kinshasa, R.D. Congo
(00243) 998697603 ou (00243) 999229662

L'HARMATTAN CONGO
67, av. E. P. Lumumba
Bât. – Congo Pharmacie (Bib. Nat.)
BP2874 Brazzaville
harmattan.congo@yahoo.fr

L'HARMATTAN GUINÉE
Almamya Rue KA 028, en face
du restaurant Le Cèdre
OKB agency BP 3470 Conakry
(00224) 657 20 85 08 / 664 28 91 96
harmattanguinee@yahoo.fr

L'HARMATTAN MALI
Rue 73, Porte 536, Niamakoro,
Cité Unicef, Bamako
Tél. 00 (223) 20205724 / +(223) 76378082
poudiougopaul@yahoo.fr
pp.harmattan@gmail.com

L'HARMATTAN CAMEROUN
BP 11486
Face à la SNI, immeuble Don Bosco
Yaoundé
(00237) 99 76 61 66
harmattancam@yahoo.fr

L'HARMATTAN CÔTE D'IVOIRE
Résidence Karl / cité des arts
Abidjan-Cocody 03 BP 1588 Abidjan 03
(00225) 05 77 87 31
etien_nda@yahoo.fr

L'HARMATTAN BURKINA
Penou Achille Some
Ouagadougou
(+226) 70 26 88 27

L'HARMATTAN SÉNÉGAL
10 VDN en face Mermoz, après le pont de Fann
BP 45034 Dakar Fann
33 825 98 58 / 33 860 9858
senharmattan@gmail.com / senlibraire@gmail.com
www.harmattansenegal.com

L'HARMATTAN BÉNIN
ISOR-BENIN
01 BP 359 COTONOU-RP
Quartier Gbèdjromèdé,
Rue Agbélenco, Lot 1247 I
Tél : 00 229 21 32 53 79
christian_dablaka123@yahoo.fr

Achevé d'imprimer par Corlet Numérique - 14110 Condé-sur-Noireau
N° d'Imprimeur : 132913 - Dépôt légal : octobre 2016 - *Imprimé en France*